Das Leben ist zu kurz für irgendwann!

Herausgeberin und Mitautorin:
Kiki Trenew, wohnhaft in Andalusien, Spanien.

Dieses Buch ist ein gemeinsames Werk der Herausgeberin und der nachfolgend aufgeführten Mitautorinnen:

Marina Žeželić-Kranjčević,
Diana Bedemann,
Jessica D.,
Anja Párdányi,
Gesine Antje Danielsen,
Meike Licht,
Daniela Hoff,
Sevim Babayiğit
Veronika Drittenpreis.

KIKI TRENEW (HRSG.)

Das Leben ist zu kurz
für irgendwann!

10 Frauen erzählen vom Auswandern

Bibliografische Information der Deutschen Nationalbibliothek:

Die Deutsche Nationalbibliothek verzeichnet diese Publikation
in der Deutschen Nationalbibliografie; detaillierte bibliografische
Daten sind im Internet über http://dnb.dnb.de abrufbar.

© 2019 Kiki Trenew

Umschlag: Gemälde von Johanna Klonos, Bulgarien.

Kontakt: johanna.klonos@hotmail.com

Satz, Umschlaggestaltung, Herstellung und Verlag:

BoD - Books on Demand, Norderstedt

ISBN: 978-3-7494-7336-6

Inhalt

Liebe Leserin, lieber Leser,

ich freue mich sehr, dass dieses Buch den Weg zu Dir gefunden hat und Du mit uns auf Reisen gehen möchtest.

»Das Leben ist zu kurz für irgendwann« sagen wir – 10 Frauen mit 10 persönlichen Geschichten rund um Neubeginn, Auswandern und Mut. So unterschiedlich unsere Erlebnisse auch sind, verbindet uns, dass wir alle in Deutschland lebten oder nun wieder dort unser Zuhause finden.

Wir – das sind Marina, Diana, Jessica, Anja, Gesine, Meike, Daniela, Sevim, Veronika und ich, Kiki – haben uns in einer Facebook-Auswandercommunity nur für Frauen gefunden. Das war wohl irgendwann im letzten Viertel im Jahr 2017. Eines Tages postete eines unserer Mitglieder, Julie Blank: »Warum schreiben wir nicht gemeinsam ein Buch?«

Was für eine geniale Idee – dachte ich gleich und verfolgte den Post, der mit positiven und begeisterten Kommentaren belohnt wurde.

Etwas später hakte ich nach und bat Julie, dieses Projekt doch wirklich in die Tat umzusetzen. Dabei bot ich ihr meine volle Unterstützung an. Es stellte sich heraus, dass sie leider in ihrem Alltag keine Zeit finden würde, die Umsetzung voranzutreiben, und so stimmte sie zu, dass ich dies übernehme. So wurde aus einer wunderbaren

Idee ein richtiges Projekt: Im Januar 2018 wurde eine geschlossene Facebook-Gruppe gegründet und erste Mails wurden versandt. Diese Gruppe war und ist bis heute die Plattform unserer Kommunikation.

Und dann ging es – wie Du Dir denken kannst – hin und her, auf und ab, hoch und runter. Aus 12 Frauen wurden 14, dann 16, dann 11 und eines Tages war es so weit: »Die Gruppe steht, lasst uns schreiben.« Auf regen Kontakt folgte Funkstille, es gab Höhenflüge beim Schreiben, gefolgt von mentalen Abstürzen mit der Sorge, es nicht hinzukriegen. Das Abgabedatum wurde mehrere Male verschoben und immer wieder mussten wir uns gegenseitig motivieren, denn unser Alltag ist – so wie Deiner sicher auch – sehr voll. So schnell geraten selbst wichtige Dinge in den Hintergrund. Letztendlich haben wir (da waren es noch 10 Frauen) unser Herzensprojekt nicht aus den Augen verloren und gemeinsam an den Start gebracht.

Und das erwartet Dich in »Das Leben ist zu kurz für irgendwann«:

Ob es der Liebe wegen, aus totaler Abenteuerlust, wegen beruflicher Perspektiven und auch die Flucht aus Deutschland war; unterschiedliche Gründe ließen jede von uns den Schritt wagen, in einem fremden Land neu anzufangen. Ob Ungarn, Kroatien, Bosnien, Andalusien, Italien, Amsterdam, New York oder Indien – so bunt gemischt wie die Länder, sind auch die Persönlichkeiten der Autorinnen.

Marina kam als wilde Sechsjährige aus dem heutigen Kroatien nach Deutschland – für sie als Kind ein Kulturschock. Sie lernte Deutschland zu schätzen und zu lieben, dennoch zog es sie als Erwachsene zurück zu ihren Wurzeln.

Diana zog es nach Ungarn. Dort begann sie die ehrenamtliche Arbeit mit Obdachlosen und hat in Ungarn ihr neues Zuhause gefunden.

Jessica wurde vom Leben in die Knie gezwungen und hat Unglaubliches erlebt im deutschen Gesundheitssystem. Die Krankheit ihrer Tochter ließ sie den Entschluss fassen, Deutschland den Rücken zu kehren und nach Kroatien auszuwandern – ihre Eltern gleich mit im Gepäck.

Anja zog es der Liebe wegen nach Ungarn. Erst durch eine Arbeit konnte sie dort richtig Fuß fassen und gründete später eine Familie in ihrer neuen Heimat.

Wider Erwarten beschreibt *Gesine* den ihren in »Viele Wege führen nach Rom«, auf dem sie ihrer großen Liebe begegnet, eine Familie gründet und ihre berufliche Erfüllung findet.

Meike wollte eigentlich nur ein Jahr mit ihrer Familie in Bella Italia leben. Daraus wurden dann 10 Jahre – neue Liebe inklusive.

Daniela zog ursprünglich der Tanz nach Amsterdam, dann nach New York, und von dort ging es weiter in einen Ashram nach Indien. Sie entdeckte die Liebe zur Meditation auf ihrem Weg, der noch lange nicht zu Ende ist.

Bei *Sevim* ging es turbulent und auf Umwegen ins neue Leben – ein ständiges Hin und Her zwischen Deutschland und der Türkei. Unter dem Titel »Vom Schatten ins Licht« erzählt sie ihre ganze Geschichte.

Veronika kam als Kind nach dem Ausbruch des Krieges im ehemaligen Jugoslawien nach Österreich. Sie verliebte sich in die deutsche Sprache und in Wien, wurde österreichische Staatsbürgerin und lebt heute in Bosnien.

Ich bin *Kiki* und habe durch meine Auswanderung nach Andalusien mein Leben komplett auf den Kopf gestellt – was SO nicht geplant war. In »Tausche Office gegen Yogamatte« erfährst Du mehr.

Gemeinsam sind wir stolz und glücklich und können kaum glauben, dass es tatsächlich funktioniert hat, unsere Geschichten in einem Buch zusammenzufassen. Wir haben uns aufgrund der weitverzweigten Lebensmittelpunkte bisher nicht persönlich getroffen und können sagen: Ohne die Digitalisierung hätte dieses Buch niemals entstehen können.

Jede Einzelne von uns möchte Dir etwas mitgeben: Glaube an Dich, lass Dich nicht abbringen von Deinem Weg und lasse Dir niemals einreden, was gut oder schlecht für Dich ist.

An dieser Stelle möchte ich Danke sagen: Erst einmal natürlich an meine lieben *9 Mitautorinnen* – Ladys, ihr seid klasse. Mein nächster Dank geht an *Julie Blank*, durch deren Idee dieses Buch entstanden ist. Aus persönlichen Gründen konnte sie leider selbst nicht dabei sein. Unserer lieben *Meike* ein herzliches Dankeschön fürs erste Korrekturlesen. *Oliver* für seinen Rat und Unterstützung in Sachen Vertragswerk. *Elke Bergsma*, erfolgreiche Autorin von Ostfriesenkrimis, die uns mit ihrer Erfahrung rund um die Veröffentlichung eines Buches eine große Stütze war.

Last, but not least möchte ich einen ganz besonderen Dank an meine Soulsister *Sabine* aussprechen. Schon viele Jahre begleitet und unterstützt sie mich und trotz 2500 Kilometern räumlicher Entfernung sind wir uns näher denn je. Und auch bei diesem Projekt stand sie mir mit Rat & Tat zur Seite. Schön, dass es dich gibt.

Wir wünschen Dir eine gute Reise durch unsere Geschichten und freuen uns über Deinen Eindruck, den Du uns gerne mitteilen darfst.
Herzlichst

Kiki Trenew
Solyoga
www.solyoga.es

Auf der Suche nach dem WARUM ein EGAL gefunden (Kroatien)

Ich war gerade dabei, mir zu überlegen, ob ich mit all dem Internet aufhören sollte, weil mir einfach alles zu viel wurde. Zurück zur Natur, zum Lesen, zu meinen kreativen Hobbys; Furniture makeover, Shabby Chic, Decoupage Art, Häkeln …!? Im Grunde genommen bin ich vielmehr ein Mensch der Natur und kein Internetfreak. Vielleicht nur noch auf Instagram bleiben, um dort weiterhin meine Fotos zu posten, da ich eine leidenschaftliche Hobbyfotografin bin. Gerade als ich auf Facebook war, weil ich etliches auf meiner Seite löschen wollte, um den Inhalt drastisch zu reduzieren, las ich zufällig etwas von einem Vorschlag für ein gemeinsames Buchprojekt mit dem Thema: Erfahrungen mit dem Auswandern. Mensch, Marina, hast du doch, und das sogar mal zwei. Im Kindesalter von sechs Jahren und als sehr junge Erwachsene. Ausgewandert und wieder zurückgewandert. Ohne sehr viel zu überlegen, dachte ich mir: Warum nicht! Dann wieder der Zweifel, bin ich dem gewachsen und werde ich es schaffen, nach über dreißig Jahren kroatischer Sprache wieder umzuschalten auf die deutsche in Wort und Schrift? Einfach mal machen, könnte ja gut werden und außerdem zerstören Zweifel mehr Ideen als alle Fehler. Besser ein »Oooops« als ein »Was wäre wenn«. So, jetzt habe ich mich selbst überzeugt und kann mich mit MERAKI meiner Geschichte widmen.

Abschied nehmen

Geboren bin ich vor sehr langer Zeit (1964) in Zagreb – Kroatien. Nur sieben Monate nach meiner Geburt ließen meine Eltern sich scheiden. Zum Glück war ich ein Baby und musste nicht auch noch dieses Drama durchmachen. Meine Mutter brachte mich nach Slawonien zu meiner Oma, die dort in einem kleinen Dorf lebte, und machte sich als Gastarbeiterin auf den Weg nach Deutschland. Das Auswandern war hier in den Sechzigern sehr beliebt und vielversprechend, weniger aus Lust nach Abenteuer, sondern Armut und schwere Lebensumstände waren der wahre Grund. Zweimal jährlich kam meine Mutter uns besuchen, jedoch an die Besuche von meinem Vater kann ich mich nicht erinnern. Auf Omas kleiner Farm aufzuwachsen war märchenhaft. Überall um uns herum Tiere; Pferde, Kühe, Hasen, Schafe, Enten, Hühner, na ja, alles so an Tieren, was auf einer Farm lebt. Oma ließ mich überall mithelfen, im Haus, im Garten und Hof, sogar die kleinen Lämmchen durfte ich aus einer Babyflasche ernähren. Keinen Kuchen konnte sie ohne mich und das viele Mehl, über die ganze Küche verstreut, backen. Dabei hatte sie sogar sehr viel Geduld mit mir, obwohl sie tagtäglich schwer und viel arbeiten musste. Sie wusste es, mit Menschen umzugehen, vor allem mit Kindern. Hinter den Gemüsebeeten hatte sie auch verschiedene Obstbäume, aber wie Kinder halt so sind, aus Nachbars Garten schmeckt der verbotene Apfel viel besser, doch dabei und all dem anderen Unfug ließen wir uns selten erwischen. Wir waren einfach glückliche Kinder, die von Frühling bis

Herbst barfuß durch Wiesen und Felder rannten, von einem kurzen Sommerregen erwischt und klitschnass wurden. Kerngesund waren wir, wahrscheinlich stärkte der viele Staub und Schmutz unsere Immunität. Auch die idyllische, aber sehr kalte Winterzeit mit viel Schnee hatte es in sich, sogar die Erwachsenen beteiligten sich bei Schneeballschlachten, beim Rodeln oder auch beim Bauen von einem riesengroßen Schneemann. Oma und ich haben unsere Zeit miteinander sehr genossen und sie war sehr stolz auf ihre kleine »wilde« und vor allem sehr neugierige Enkelin. Opa und Onkel waren auch immer irgendwo präsent und natürlich liebte ich auch die beiden Männer im Haus, aber die Oma war mein Ein und Alles.

Kurz nach meinem sechsten Geburtstag brachte sie mir sehr schonend bei, dass in ein paar Tagen meine Mutter mich holen kommen würde. Ich fragte mich, warum sie mir das so traurig sagte, obwohl das doch gar nicht traurig wäre, im Gegenteil, darauf wartete ich doch die ganze Zeit. Alle Kinder hier hatten beide Eltern, nur ich nicht, jetzt werde ich wenigstens Mutti haben und darüber war ich überglücklich. Ich konnte damals doch nicht ahnen, was für Schwierigkeiten mich in einem neuen Land erwarten würden und dass in Deutschland alles ganz anders sein würde. Meine Mutter kam, aber nicht allein, hochschwanger und mit einem wildfremden Mann. So erfuhr ich ganz auf die Schnelle, dass sie wieder verheiratet war und ich sehr bald ein Schwesterchen bekommen würde. War ja alles nur halb so schlimm, aber dass ich jetzt zu diesem fremden Mann »Pappa« sagen musste, das hat mich dann schon voll getroffen. »Wieso Pappa, er ist doch nicht mein Vater?«, fragte ich meine Mutter. Ihre Antwort darauf war: »Er ist jetzt mein Mann und somit auch dein Pappa, das ist jetzt so und Schluss!« Mehr wurde darüber nicht diskutiert. Mein Koffer war gepackt und nun hieß es Abschied nehmen. Es fiel mir unheimlich schwer, meine Oma zurückzulassen, am liebsten hätte ich sie mitgenommen. Was das für ein trauriger Anblick war, als ob Oma und ich um die Wette heulten. Ein sechsjähriges Dorfkind macht sich auf eine Reise ins Unbekannte, mit einer Mutter, mit der es nicht aufgewachsen ist, und einem deutschen Mann, dessen Sprache es nicht verstand. Nach Deutschland? Und wo bitte ist das? Ist das weit? Dann war ich weg, nicht weil ich wollte, sondern musste.

Lass dich nicht unterkriegen

Von heute auf morgen wurde ich aus meiner mir bekannten und vertrauten Welt gerissen, so plötzlich und für immer! Vieles hier in Deutschland hatte ich nie zuvor gesehen, wie konnte ich auch, so eine Großstadt in diesem Maße gab es bei uns in Kroatien seinerzeit doch nicht. Oder doch? Bestimmt nicht! Ich musste so viel nachholen, schnell und fleißig lernen, um die Kinder hier einzuholen. Dazu noch die Sprache, von all dem Reden verstand ich nur »Bahnhof«. Ich fühlte mich so fehl am Platz. Oma, wo bist du? Unsere Wohnung befand sich im zweiten Stock, nicht mal allein rausgehen durfte ich, wohin auch, direkt auf die Straße? In meinen Gedanken rannte ich barfuß durch die Wiesen und Felder bei uns zu Hause. Schnell wurde mir bewusst, dass ich aus meiner wilden und unbegrenzten Freiheit in einem Käfig endete.

Mit meinen Eindrücken und Gefühlen musste ich schon allein zurechtkommen. Das war hier Tabuthema, als ob über Gefühle zu sprechen etwas Unangebrachtes und Falsches ist. Nach knapp zwei Monaten kam meine Halbschwester zur Welt. Natürlich kam das Baby an erster Stelle und ich stand ganz schnell irgendwo beiseite. Aus der heutigen Perspektive gesehen, weiß ich, dass meine Eltern es mit dieser Situation auch nicht leicht hatten. Vor allem meine Mutter, die schon eine gescheiterte Ehe hinter sich hatte und sich selbst vor nicht allzu langer Zeit als Ausländerin hier zurechtfinden musste. Kulturschock – Krise – Erholung – Anpassung. Auf einmal hatten sie zwei Kinder in der Wohnung, eine »wilde«, fremde, halbwegs formierte Sechsjährige und ihr eigenes Neugeborenes. Kinder verarbeiten bestimmt schneller allerlei von Veränderungen und auch passen sie sich leichter an, aber unter solchen Umständen ist es weder für Kinder noch für Erwachsene einfach. Da mein Stiefvater Deutscher ist, verlief meine weitere Erziehung auf deutsche Art und Weise, auch wurde zu Hause die kroatische Sprache nicht gesprochen, erstens, weil Pappa nichts verstanden hätte, und zweitens hätte es mir das Deutschlernen erschwert. Das größte Problem für mich war damals, Pappa zu akzeptieren. Er war schon korrekt, aber zu streng, er verlangte zu viel auf einmal von einem kleinen Mädchen aus einer anderen Welt. Disziplin, Ordentlichkeit, Sauberkeit, Fleiß, sehr gute schulische Leistungen und gutes Benehmen. Alles, was eine perfekte Erziehung ausmacht. Meine Mutter hat sich mit alldem schwerer getan als ich, auch hatten wir beide keine enge und herzliche Mutter-Tochter-Beziehung. Sie war ja auch nicht wie Oma, diese zwei Frauen waren total verschieden. Heute kann ich mir gut vorstellen, was für eine Herausforderung, Aufgabe und Verantwortung es gewesen sein musste, ein solches Kind zu »zähmen« und anzupassen. Je älter ich wurde, desto mehr Verpflichtungen kamen dazu. Da meine Mutter berufstätig war, musste ich viel im Haushalt mithelfen. Es musste ja alles immer schön sauber und ordentlich sein. Mir fehlte das kreative Chaos von uns zu Hause in Kroatien. Da war ja auch noch meine kleine Schwester, auf die ich aufpassen und ihr bei allem helfen musste. Ich bemühte mich und gab mein Bestes, um meine Eltern zufriedenzustellen, aber alles, was ich machte und wie ich es machte, war nie gut genug. Immer war irgendwo ein Problem. Nur Verpflichtungen und Verbote; lass dies, lass jenes, sei still, sei brav, so benimmt man sich doch nicht! Sei. Sei. Sei. Wo blieb das Dürfen? Nur die guten Manieren waren wichtig. Ja schon, aber kann man das den Kindern nicht auf spielerische Art und Weise beibringen? Oma hätte das gekonnt. Freunde mit nach Hause bringen, auf gar keinen Fall, erst recht nicht zu ihnen dürfen. Eventuell mal im Hof oder auf dem Spielplatz eine Straße weiter sich treffen und zusammen spielen, aber nicht länger als eine Stunde. Wenn ich mal keine Verpflichtungen und Aufgaben hatte, flüchtete ich in mein Zimmer und in eine Teenager-entsprechende Welt. Kritzelte meine Gefühle in die Seiten von meinem Tagebuch, las ein Buch oder hörte Musik. Am liebsten hätte ich dann den Kassettenrecorder voll aufgedreht, aber das durfte man hier nicht, die Nachbarn hätten sich beschwert. Meine Lieblingsgruppe war Smokie und in den Sänger Chris Norman, Mensch, war ich in den verknallt. Muss gestehen, irgendwie bin ich es auch heute noch! Fernsehen durfte ich nicht viel und auch nicht alles, aber »WINNETOU« war auf der »Du darfst«-Liste. Jede Episode »lebte« ich mit Winnetou in den wunderschönen Natur-pur-Landschaften wilder und unbegrenzter Freiheiten und fühlte mich zu Hause. Schließlich wurde auch der Großteil in Kroatien gedreht. Von klein auf war ich eine Analytikerin und liebte es, unter der Oberfläche zu graben und zu erkunden, auch zwischen den Zeilen konnte ich sehr gut lesen, ja das Ungeschriebene oder nicht Gesagte war ja auch das Wichtigste. Die Ungerechtigkeit dieser Welt war grausam, jede Art von Diskriminierung machte mich besonders wütend. Gelb, schwarz, weiß, rot ist doch egal und unwichtig, was zählt, ist, was für ein Mensch der Mensch ist! Wie schrecklich es in den Köpfen derjenigen sein muss, die mit ANDERSSEIN ein Problem haben! Wir sind doch alle Menschen dieser Welt und die Welt unser aller Zuhause. Liebe, wer du bist und wo du herkommst, aber respektiere auch das Gleiche bei anderen. Wären wir alle gleich, wäre das nicht monoton und zu langweilig? Die Welt, eine Villa Kunterbunt, ja, so soll es auch sein. Für die guten Manieren waren Pappa und Mutti verantwortlich, aber alles andere im Leben musste ich selbst lernen. Meine beste Freundin war die Fernseh-heldin PIPPI LANGSTRUMPF, von der lernte ich, wie man sich nicht unterkriegen lässt. »Sei wild, frech und wunderbar!« Und ob ich wild war, schließlich kam ich ja aus dem Winnetouland. Oder ist das mehr Charaktersache? Bestimmt beides! Frech war ich auch, aber süß frech, nicht unverschämt frech. Musste ich letztendlich auch sein, sonst hätte ich meine Individualität nicht durchsetzen können. Wunderbar? Hm, das überlasse ich anderen zu beurteilen. Ja, ich bin auch der Meinung, dass die Welt mehr Räubertöchter und weniger Prinzessinnen braucht. »Wenn ich nur darf, wenn ich soll, aber nie kann, wenn ich will, dann kann ich auch nicht, wenn ich muss. Denn die, die können sollen, müssen auch wollen dürfen.« Tja, und wenn man nie wollen darf, dann sucht man weiter und zack war ich wieder weg, aber nicht aus Deutschland. NOCH NICHT. Mit fünfzehn bin ich im wahrsten Sinne des Wortes von zu Hause abgehauen. In Pappas Schreibtisch, ich weiß gar nicht, was ich da suchte, fand ich ganz zufällig eine alte Adresse von meinem leiblichen Vater, mit dem ich die ganze Zeit über keinen Kontakt hatte. Von ihm wusste ich nur, dass auch er irgendwo in Deutschland lebte. Hals über Kopf packte ich meinen kleinen Koffer, fuhr Richtung Bahnhof und stieg in den ersten Zug nach Karlsruhe. Zu meinem Glück wohnte mein Vater noch an dieser Adresse, will gar nicht wissen, was gewesen wäre, wenn nicht. Wie unbedacht und riskant mein Aufbruch damals war, wurde mir erst im Nachhinein bewusst. Mein Vater war auch wieder verheiratet und hatte zwei Kinder, einen Sohn, den seine

Frau mit in diese Ehe gebracht hatte, und eine gemeinsame Tochter. Später kam noch ein Schwesterchen dazu. Meinem Vater war es zwar nicht recht, dass ich einfach so aus dem Nichts in sein Leben hereinplatzte, aber was hätte er tun sollen? Mich auf der Straße stehen lassen!? Egal, jetzt war er dran, sich ein bisschen für seine Tochter aus erster Ehe zu opfern. Vier Jahre hielt ich es hier aus. Obwohl die Erziehungsmethoden bei meinem Vater viel lockerer waren, fühlte ich mich auch hier nicht richtig zu Hause. Mensch, begreift denn hier niemand, dass ein Kind ein richtiges Zuhause mit allem Drum und Dran braucht, das Gefühl dazuzugehören, zu lieben und geliebt zu werden, sich sicher, geschützt und verstanden zu fühlen, ist das zu viel des Guten? Zu Hause zu sein ist kein bestimmter Ort, es ist ein Gefühl. Hallo!! Manchmal hatte ich das Gefühl, dass ich damals schon mehr wusste als meine Eltern. Das Leben ist nicht fair.

Nach Realschulende drohte mir die Gefahr, auf die schlechte Bahn zu geraten, so viel Schlechtes lauerte um die Ecke und wartete nur darauf, sich selbst überlassene und verletzbare Kinder zu verschlingen. Da wollte ich nicht enden! Ich bin mir völlig sicher, dass mich das noch in München gelesene Buch »Wir Kinder vom Bahnhof Zoo« vor Drogen, Alkohol und weiß der Teufel, vor was nicht noch allem, rettete. Mutter und Vater, zwei Familien, die nicht meine waren. Was blieb mir übrig, als weiterzugehen? Zur Selbstständigkeit war es noch ein langer Weg, weitere Schulausbildung oder in eine Lehre gehen, Arbeit finden, Geld verdienen. Allein, ohne

Unterstützung und unter solchen Umständen konnte ich das nicht durchziehen. Waren all die Jahre in Deutschland umsonst, eine gute Zukunft, falls sie das hätte werden können, einfach so aufgeben? Eigentlich hatte ich gute Pläne für meine Zukunft; Soziologin, Pädagogin, vielleicht sogar Psychologin! Aber wie schon gesagt; niemand kümmerte sich wirklich darum. »Immer wenn der Mensch anfängt, seine Zukunft zu planen, fällt im Hintergrund das Schicksal lachend vom Stuhl.« Also nix mit dem »Jeder ist seines Glückes Schmied«. Na dann: »Country roads, take me home. To the place I belong …« Nach Hause, nach Kroatien!

Es ist so, wie es ist
Wieder war ich beim Kofferpacken, zu meinen Lieblingsklamotten packte ich auch meine guten und schlechten Erfahrungen ein und schweren Herzens verabschiedete ich mich von Deutschland. Ich hatte dieses Land mit all dem, was dazugehört, sehr lieb gewonnen, obwohl ich vor vielen Jahren als ein wildes Kind angekommen bin, passte ich mich dieser Kultur sehr gut an und die deutsche Mentalität wurde ein Teil von mir. Das Problem war nicht das Land, sondern familiäre Umstände.

So, meine geliebte ursprüngliche Heimat, ich bin wieder da! Was jetzt und wie weiter? Meine Oma war traurig über meine Rückkehr, aber nicht überrascht, für sie war das irgendwie vorhersehbar. Alles, was sie dazu sagte, war: »Hätte ich dich damals nur nicht gehen lassen.« Ich war zu schwach, um weiter zu kämpfen, aber zu stark, um aufzugeben. Eben halt, weil immer was geht! Da ich ja meine Mentalität im Blut hatte, war mein Eigenkulturschock ziemlich schnell verarbeitet, dachte ich zumindest. Doch nach ein paar Jahren fühlte ich mich auch hier fehl am Platz. Irgendetwas stimmt hier nicht. Eines Tages klickte es, ich habe ein Problem mit der Zugehörigkeit. Kurz nach meiner Ankunft lernte ich meinen Mann kennen und ein Jahr später waren wir verheiratet. Da mein Mann leidenschaftlicher Ziehharmonikaspieler war, war er oft auf verschiedenen Dorfveranstaltungen und privaten Partys seine Musik spielen. Er war seinem Musikinstrument sehr ähnlich, es zooooog ihn immer in seine Gesellschaft! Zu Hause war immer nur ich mit zwei Kindern, Haus, Hof und Garten. Im Haus hatten wir zu dieser Zeit kein Badezimmer und auch kein fließendes Wasser, jeden Eimer Wasser musste ich von Nachbars Brunnen holen, manchmal waren es viele Eimer am Tag, da man ja Wasser zum Trinken, Kochen, Baden und zum Wäschewaschen braucht. Unsere Wäsche musste ich per Hand waschen. Wie einst die Wiener Waschweiber, die weiße Wäsche waschen wollten, ist mir gerade so eingefallen. Im Windelalter meiner Kinder hatte ich keine Wegwerfwindeln, sondern Stoffwindeln, die auch auf Wasser und meine Hände warteten. Wenn wir ernten, was wir säen, dann muss ich mich wohl im falschen Garten befinden. Das Allerschlimmste von allem war unser Heimatkrieg, der ganze fünf Jahre lang dauerte. Die Folgen des Krieges und die ganze Nachkriegszeit spüren die meisten von uns auch heute noch, in materieller und moralischer Hinsicht, obwohl seitdem mittlerweile schon dreiundzwanzig Jahre vergangen sind.

Als meine Kinder schon so groß waren, dass sie allein zu Hause sein konnten, arbeitete ich zwei Jahre lang als Vertretung in einer Import-Export-Firma als Referentin für die deutsch-kroatische Verständigung. Danach wollte ich mir eine Arbeit auf Dauer suchen, aber leider wurde ich krank und war es auch sehr lange. Falls ich etwas richtig gut hinbekommen habe, dann das Verhältnis zu meinen Kindern, wir sind sehr miteinander verbunden, verstehen uns fantastisch und sind immer füreinander da. Alles andere dagegen ist unwichtig. Beide sind verheiratet und haben selbst Kinder, jetzt bin auch ich Oma. Mein Sohn ist auch vor knapp zwei Jahren ausgewandert. Nein! Nicht nach Deutschland! Sein kleiner Sohn ist bei mir. Bin gespannt darauf, wie sich seine Auswanderungsgeschichte entwickeln wird.

So, das ist meine Geschichte, war gar nicht so einfach, nach über dreißig Jahren, den Schalter im Kopf wieder auf Deutsch umzuschalten. Ich habe mir fast das DENKGENICK dabei gebrochen!!!! Fast hätte ich es vergessen, mein Problem mit der Zugehörigkeit ist gelöst. Ich bin mittlerweile zu Hause angekommen, weil ich zu mir selbst gefunden habe. »Der Sturm wird immer STÄRKER.« – Das macht nichts. ICH AUCH.

Marina Žeželić-Kranjčević
kranjcevic7@gmail.com

Dianas Geschichte (Ungarn)

Wie schön ist es, eine Heimat zu haben und eine Heimat, mit der man durch Geburt, Erinnerungen und Liebe verwachsen ist.« Otto von Bismarck

Da sitze ich nun mit meinem sechzehnjährigen Patensohn und genieße einmal mehr unsere Erwachsenengespräche. Wir reden über dies und das, als er mich unvermittelt fragt:

Hast Du mich schon als Baby gekannt?
Ich lächle: »Nein, als du geboren wurdest, vielleicht sogar am selben Tag, entschieden mein Mann Thomas und ich, dass wir nach Ungarn gehen werden. Das war im Februar 2002. Thomas, der in einer Speditionsfirma arbeitet, wurde das erste Mal in den 90er Jahren gefragt, ob er in der türkischen Filiale arbeiten würde. Ich hatte Bedenken: eine ganz andere Kultur, so weit weg. Kurz, aus der Türkei wurde nichts. Ein paar Jahre später wieder ein Angebot: Rumänien. Der Kollege vor Ort erwähnte in einem kurzen Nebensatz, dass er wohl diesen Winter kein Heizmaterial haben würde, und die Winter in Rumänien seien kalt. Selbstredend, dass ich meine sichere Existenz – ich arbeitete als Zahnarzthelferin – nicht gegen klirrende Kälte eintauschen wollte. Und dann, im erwähnten Februar 2002, kam also mein Mann nach Hause, unterbreitete mir den Vorschlag, nach Ungarn zu

gehen, und erwähnte so nebenbei, dass die Firma wohl ein weiteres Mal nicht fragen würde. Bei mir ratterte es: Ungarn ... Ich bin aus dem Osten ... Wir sind also fast ›Geschwister‹ ... Da wird es doch kulturell keine Riesenunterschiede geben ... Ich hatte eine Freundin in Szolnok, die ich 1982 am Balaton kennengelernt und 1991 noch einmal besucht hatte. Zarte Bande also ... Nur 600–800 Kilometer zu unseren Müttern ... Nach langem Abwägen der Für und der Wider beschlossen wir also, uns in dieses Abenteuer zu stürzen. Da war ich achtundzwanzig Jahre alt.«

Ein Umzug in ein anderes Land ... Da habt ihr bestimmt viel organisieren müssen!?
»Für die Vorbereitungen hatten wir zehn Monate Zeit. Das war auch gut so. Zuerst erstellte ich eine Checkliste, die ich fortlaufend vervollständigte. Hier trug ich die unterschiedlichen Kündigungsfristen zusammen: Energieversorger, Zeitungs-Abos, Miet- und Arbeitsverhältnis, Einwohnermeldeamt, Kfz-, Kranken-, Haftpflicht- und Hausratversicherung, GEZ, Post (Nachsendeauftrag) und so weiter. Die Liste wurde immer länger, tat aber gute Dienste. Wenn ich Zeit hatte, verfasste ich schon mal die entsprechenden Kündigungsschreiben, packte sie mit der entsprechenden Monats-To-do-Liste in einen Ordner (Februar bis Dezember) und brauchte sie zu gegebener Zeit einfach nur noch aufzugeben. Parallel dazu nahmen wir Kontakt mit der Ungarischen Botschaft auf, welche Voraussetzungen und Bedingungen für den Umzug erfüllt werden müssten (Visum, Arbeits-

erlaubnis, ärztliche Bescheinigungen, Aus- und Einfuhr unseres Haushalts, Zölle). Im August war dann auch Schluss mit neun Jahren wilder Ehe. Ich hatte mich schon daran gewöhnt, aber für unseren Umzug ins Ausland musste aus mir dann nicht mehr berufstätigen Frau eine legitimierte, mitreisende Ehefrau werden. Im gleichen Monat fuhren wir dann nach Ungarn, um uns Wohnungen anzusehen. Wir hatten im Vorfeld die ungarischen Kollegen gebeten, Augen und Ohren offenzuhalten. So standen drei Objekte zur Auswahl und wir hatten Glück: Die Wohnung, die uns gefallen hatte, konnten wir anmieten. Zurückblickend war es vielleicht etwas blauäugig, im August die Kaution und erste Monatsmiete für Dezember zu bezahlen, aber es ging alles gut und die Wohnung war noch frei, als wir Weihnachten eintrafen. Den Umzug zahlte die Firma. Vertraglich wurde festgelegt, dass auch einen eventuellen Rückumzug die Firma übernehmen würde. Ab Oktober belegte ich einen Sprachkurs an der Volkshochschule, an dem ich leider nur drei Monate teilnehmen konnte, aber besser als nix. Ich kaufte auch noch einen Audio-Kurs (CD und Buch) und fühlte mich so doch ein bisschen besser vorbereitet. Ich muss gestehen, vor dem Verpacken unseres Haushalts, der Auflistung der Gegenstände (bei Elektrogeräten und Dingen von Wert einschließlich Baujahr, Hersteller, Seriennummer, Zeitwert) und Erstellung der Ladeliste habe ich mich vornehm gedrückt ... Damit hat mein Mann seine letzten drei Wochen in Deutschland verbracht. Am Ende hat unsere Habe 113 Kolli umfasst, die wegen unserer Zimmerpflanzen ein Thermo-LKW nach Ungarn brachte.«

Das erste Vierteljahr hatten wir an fünf Tagen die Woche je vier Stunden Ungarischunterricht. Unsere Lehrerin – eigentlich Deutschlehrerin – hatte die Firma für uns organisiert. Solange also der Kollege, den Thomas hier ablösen sollte, noch arbeitete, bestand der Arbeitsalltag meines Mannes darin, vormittags die Sprache zu lernen und sich nachmittags in der Firma einzuarbeiten.

Ungarisch soll eine sehr schwere Sprache sein. Ist es dir leichtgefallen, sie zu erlernen?
»Gott sei Dank habe ich eine gewisse Affinität zu Sprachen. Weißt du, ich wollte eigentlich Russischlehrerin werden. Allerdings hat mir der Mauerfall damals einen Strich durch die Rechnung gemacht. Die ungarische Sprache fand ich vom Klang her immer schön, ich habe sie als eine sehr logische Sprache kennengelernt. Wenn man einmal den Dreh mit der Grammatik raushat, hat man es fast geschafft. Ich erinnere mich, ein einziges Mal hat sie mich zum Heulen gebracht: Ich konnte es gar nicht erwarten, nach der Stunde nach Hause zu kommen, mich aufs Bett zu werfen und in die Kissen zu heulen, dass ich das niemals kapieren werde. Jeden Ungarn habe ich darum beneidet, dass er diese Sprache spricht! Dann habe ich realisiert, dass sie wegen mir ihre Grammatik nicht ändern würden, da kann ich so viel heulen, wie ich will, und dann ging es weiter. Nach anderthalb

Jahren habe ich meine Sprachprüfung abgelegt und war der ganze Stolz meiner Lehrerin.

Als Ende Februar der Kollege mit seiner Familie zurück nach Deutschland ging, beschlossen wir, dass ich weiter die Sprache lerne, um unser tägliches Leben organisieren zu können, und Thomas das Geld verdient. Nebenbei hatten wir viele Behördengänge zu erledigen, um die Aufenthaltsgenehmigung (drei Mal für je ein Jahr, dann für fünf Jahre und danach unbegrenzt) zu erhalten. Voraussetzung dafür waren Einkommensnachweise, Mietvertrag, wieder ärztliche Untersuchungen. Meine persönliche Erfahrung war, dass nichts auf Anhieb klappte, allgemein erst beim dritten Mal. Mein Alltag bestand also aus Sprachunterricht, Einkaufen, Haushalt. An den Wochenenden erkundeten wir das Land – eine Zeit, an die ich gern zurückdenke. Es war die reinste Entdeckungsreise. Ich schmunzle, wenn ich so zurückdenke ...«

Hast du nie gedacht: Soll das jetzt alles gewesen sein?
»Nach jahrelangem Fulltime-Job war es mal schön, einfach ›nichts‹ zu tun. Aber irgendwann hatte ich das Gefühl, nur noch jemandes Ehefrau zu sein. Meine sozialen Kontakte waren mehr als überschaubar. Ich hatte relativ schnell eine deutschsprachige Wochenzeitung, den ›Pester Lloyd‹, abonniert, um mehr über das mir fremde Land, seine Politik, Ausflugsziele usw. zu erfahren. Als 2003 der Winter einbrach, dachte ich, wie gut es wäre, vielleicht in einer Suppenküche zu helfen, und fragte bei

der Zeitung an, ob sie wüssten, ob es so etwas in meiner Nähe gäbe. Gab es, sogar in unserer Stadt, das Obdachlosenheim. Nun ja, kurz vor Weihnachten erzählte ich meiner Lehrerin, Szilvi, von meinem Vorhaben und fuhr nach der Stunde direkt zu der Einrichtung. Vor dem Gebäude eine Traube Männer, ich saß im Auto und mein Herz war schon längst in die Hose gerutscht.«

Und, hast du gekniffen?
»Nein«, lächle ich, »einen Rückzieher konnte und wollte ich nicht machen, würde doch Szilvi beim nächsten Mal fragen … Also, Augen zu und durch, ich bahnte mir meinen Weg durch die Menschenmenge und fand mich an der Pforte wieder, drei Sozialarbeitern gegenüber, stammelte in gebrochenem Ungarisch irgendwas von ›helfen wollen‹ und ›Möhren putzen‹. ›Gut‹, sagten sie, ›wir melden uns. Don't call us, we call you!‹ Hat sich natürlich keiner gemeldet, so dass ich im Januar wieder bei ihnen vorgesprochen habe. Man muss wissen, dass anders als bei uns das Ehrenamt in Ungarn noch in den Kinderschuhen steckt. Nur wenige können es sich leisten, ›umsonst‹ zu arbeiten. Wahrscheinlich hat man mich auch deshalb einfach nicht ernst genommen. Aber … meine Hartnäckigkeit wurde belohnt und jeden Mittwoch habe ich als Küchenmädchen mitgekocht und das Essen auch ausgegeben. Ich glaube, ich war schon ein Unikum: Aufgrund meiner Sprachschwierigkeiten habe ich lieber schön gelächelt und war am Ende die, die immer lacht …

Die Männer und die Kollegen mochten mich und so wurde ich schnell gefragt, ob ich nicht bei der Teetour (teáztatás) mitmachen wolle. Das war echt putzig, da ich aufgrund eines grammatikalischen Missverständnisses der Meinung war, man hätte mich zum Teetrinken (teázás) eingeladen. Ich staunte also nicht schlecht, als wir samt zwei Körben Sandwiches, zwei großen Thermosbehältern, Decken und Kerzen in einen Ford Transit stiegen. Wir sind die ganze Stadt abgefahren, wo an bestimmten Stellen die Menschen, die auf der Straße leben, schon auf uns gewartet haben. Das war nun schon vor vierzehn Jahren. Du kannst dir vorstellen, die Arbeit und die Menschen haben meinen Sprachkenntnissen den letzten Schliff gegeben. Auf einmal hatte ich Bekannte, die später gute Freunde wurden. Ich mochte die Menschen, und die Menschen mochten mich. Mein Selbstbewusstsein und mein Selbstwertgefühl wuchsen. Nebenbei wurde die Direktorin der Caritas auf mich aufmerksam und fragte, ob ich mir vorstellen könnte, bei ihnen die Kleiderkammer zu machen. Auf einmal war ich voll drin, mein Leben in Ungarn begann!«

Glaubst du, dass du den Obdachlosen helfen kannst?
»Gute Frage! Mit den Kleidern und den Lebensmitteln bestimmt. Aber manchmal habe ich das Gefühl, dass gar nicht die ›Naturalien‹ die Hauptsache sind, sondern die Zuwendung, die Aufmerksamkeit, ein nettes Wort. Ich möchte, dass sie sich in den etwa fünf Minuten, in denen ich sie bediene, wohlfühlen, dass sie mit einem guten Gefühl wieder gehen. Mir ist es wichtig, meine

›Jungs‹ mit ihren Namen anzureden. Möglich, dass sie an diesem Tag nur von mir ihren Namen hören. Und es motiviert mich in meiner Arbeit, wenn ich ein Lächeln auf ihr Gesicht zaubern kann.«

Was sagt dein Mann dazu?
»Ganz am Anfang haben wir das besprochen: Das sind meine Pläne und es kann sein, dass es irgendwann kein warmes Abendbrot, nur Schnittchen gibt, weil ich abends auf der Straße Essen verteilen würde. Er sagte, es sei okay, ich solle es ausprobieren und inzwischen ist er richtig stolz auf mich.«

Und inzwischen ging es mit der Sprache immer besser!?
»Ja, stell dir vor, eines Morgens sagte Thomas: ›Mensch, du hast gequatscht im Schlaf, wie ein Wasserfall!‹ Als ich ihn fragte, worum es ging, sagte er, er hätte es nicht verstanden, es wäre Ungarisch gewesen. Da wusste ich, ich habe es geschafft!«

Und Thomas?
»Er kommt irgendwie durch. Auf Arbeit gibt es einen speziellen Speditions-Wortschatz, wie man zum Beispiel einen LKW belädt, welche Abladestellen geplant sind usw. Das klappt ganz gut. Im Übrigen sprechen die meisten Kollegen Deutsch oder Englisch.«

Du könntest doch auch Deutschstunden geben …
»Na ja, ich traue mir nicht zu, meine Muttersprache zu erklären, ist für mich doch alles ganz natürlich. Das würde

vielleicht nur im Rahmen einer Nachhilfe klappen, wenn Grundkenntnisse schon vorhanden sind. Irgendwann trat beim Essenausgeben ein junger Mann, Béla, an mich heran, ob ich ihn nicht unterrichten könnte. Er hätte in der Schule Deutsch gelernt und würde seine Kenntnisse gern auffrischen. Wir haben uns angefreundet, er hat mich seiner Schwester, ihrem Mann und ihrem kleinen Jungen vorgestellt.«

Oh, den Teil kenne ich schon. Das bin ich!
»Ja, mein Schatz, das bist du. Es war Liebe auf den ersten Blick. Du und ich, wir haben einander ausgesucht! Du warst gerade zweieinhalb Jahre alt, und als du vier warst, wurden Béla und ich deine Pateneltern. Und spätestens mit dieser Patenschaft hatte ich auch eine ungarische Familie. Es erfüllt mich mit Stolz, dich schon seit vierzehn Jahren begleiten zu dürfen, dass ich dich aufwachsen sehen konnte.«

Seit wann arbeitest du auch wieder in deinem Beruf als Zahnarzthelferin?
»Der Arbeitsmarkt in Ungarn war nach dem Beitritt zur EU so lange geschützt, bis die Deutschen den ihren für ungarische Staatsbürger öffneten. Irgendwann befand ich, dass meine Sprachkenntnisse jetzt auch für eine bezahlte Stelle reichen sollten, bewarb mich und wurde eingestellt. Gleichzeitig wurde mir mitgeteilt, dass ich meinen Abschluss anerkennen lassen müsse. Das Verfahren zog sich sechzehn Monate hin und hat ein kleines Vermögen gekostet: Übersetzungen, Beglaubigungen,

Bestätigungen meiner damaligen Berufsschule (die inzwischen abgewickelt war!), Gebühren ... Mein damaliges Beschäftigungsverhältnis war mangels Anerkennung ›dunkelgrau‹ und irgendwann teilte man meinem Arbeitgeber mit, dass ich so nicht tragbar wäre ... Jetzt arbeite ich seit vier Jahren in einer Praxis, wo ich freitagnachmittags auch meine heißgeliebten Zahnreinigungen machen kann. Im Übrigen hatten wir in Stuttgart in unserer Praxis einen Zahnarzt, drei Helferinnen und zwei Azubis. Hier sind wir nur zu zweit – mein Chef und ich. Das ist doch schon etwas anderes: Kranksein gilt es zu vermeiden; was wir zu Hause zu dritt gemacht haben (Assistenz, Administration, Materialbestellung, Instrumente aufbereiten und sterilisieren, Zimmer vor- und nachbereiten, Terminvergabe usw.) mache ich jetzt allein. Und es ist nicht so, dass ich mich in Stuttgart gelangweilt hätte ... Das Verhältnis 1 : 1 macht es natürlich auch schwieriger, einen Job zu finden. Meine Vorgängerin ging in Rente, und das war mein Glück!«

Sprecht ihr zu Hause deutsch oder ungarisch?
Ich muss lachen: »Also mit Thomas spreche ich deutsch, aber unser Kater Leo ist zweisprachig. Thomas spricht deutsch mit ihm, ich ungarisch.«

Was magst du an Ungarn?
»Ich mag die ungarische Küche und den ungarischen Sauerrahm ›Tejföl‹, der bei vielen Gerichten nicht fehlen darf. Ungarische Popmusik höre ich sehr gern und ich liebe auch die schwermütigen Gedichte. Ungarische Fei-

ern sind klasse. Super sind die staatlich verordneten Brückentage, wenn ein Feiertag auf Dienstag oder Donnerstag fällt (die sind jedoch an genauso staatlich verordneten Samstagen rauszuarbeiten). Ich mag den Balaton, der bei Sonnenschein so wunderbar grünblau schimmert. Stadtfeste (mit Straßenball) besuche ich immer gerne.«

Und was magst du nicht?
»Ich mag nicht, dass sich vieles nur ums Geld dreht. In Deutschland bin ich nie gefragt worden, was ich oder mein Mann verdienen. Schwierigkeiten habe ich mit dem Verhältnis der Ungarn zu Fremden, das auch der sehr populistischen Politik der Regierenden geschuldet ist. Mir ist das fremd, komme ich doch aus einem Einwanderungsland, und das Bild von bis 2002 (!) mit der Buntheit verschiedener Kulturen ist mir viel lieber. Ich ertrage im Sommer die sehr heißen Tage nur schwer, meine Wohlfühltemperatur liegt bei 25 °C. Es gibt kulturell doch große Unterschiede, diese ewige Diplomatie … Ich mag es gern direkt!«

2011 habt ihr dann euer Haus gekauft. Wie war das?
»Ja, 2011, nach fast neun Jahren und ohne Auslandskoller, haben wir uns entschieden, was Eigenes zu kaufen. Im Internet habe ich das Haus gesehen und mit dem Maklerbüro den Kontakt aufgenommen. Die Eigentümer wohnten schon seit einigen Jahren in Amerika und wurden durch einen Anwalt vertreten. Die Maklerin hat sich um alle Papiere und Genehmigungen gekümmert und nach unserer Anzahlung brauchten wir beim Notar

nur noch zu unterschreiben. Ausländer dürfen ungarischen Grund nur nach Genehmigung der jeweiligen Gemeinde erwerben, auch wenn sie wie wir schon lange in Ungarn leben. Das empfehle ich jedem, der in Ungarn ein Haus kaufen will, zu beachten und für die Abwicklung der Geschäfte einen Anwalt zu beauftragen. Für alles, was den Besitz wesentlich vergrößert (Hauskauf, Autokauf) ist eine Extra-Steuer zu entrichten, und ich spreche nicht von Mehrwertsteuer.«

Hat sich deine Sicht auf Deutschland geändert, seit du hier lebst?
»Auf jeden Fall! Ich bin mit meinem Heimatland ausgesöhnt. Es gab Zeiten, so Anfang bis Mitte der 90er Jahre, da habe ich mich oft geschämt. Die Nachrichten waren voll mit widerlichen Übergriffen auf ausländische Mitbürger. Aber in Deutschland hat sich viel getan, zum Beispiel hat mich die WM im eigenen Land unheimlich stolz gemacht. Wir haben uns so freundlich und weltoffen gezeigt, dass es eine Freude war, hier in der Ferne die Kommentare und Berichte zu sehen. Ich empfinde keine Scham mehr, ich mag mein Volk und mein Land.«

Was fehlt dir in Ungarn?
»Na ja, es gibt immer noch Sachen, die wir importieren: Schlachtekraut von Edeka, Kasseler, Fleisch für Rouladen … Dass es seit einigen Jahren Aldi und Lidl gibt, hat es uns ein bisschen einfacher gemacht: Würstchen kaufen wir jetzt hier. Leider haben sie die Bockwürste wieder aus dem Sortiment genommen.«

Siehst du, dass du in Ungarn alt werden wirst?

»Das ist eine schwere Frage. Du weißt, wir haben keine Kinder, keinen hier, der später nach uns schauen wird. Das macht mir Angst. In Deutschland werde ich dann wenigstens noch Halbgeschwister und deren Kinder haben, die mich eventuell vertreten könnten. Im Moment sind die Altenheime sehr weit entfernt vom deutschen Standard.«

Was sind deine Lieblingsplätze in Ungarn?

»Na, zuallererst einmal unsere schöne, geschichtsträchtige Stadt, Székesfehérvár. Ich mag das Provinzielle, die kleine, beschauliche Altstadt mit ihren stimmungsvollen kleinen Gässchen. Dann der benachbarte Velencer See, der Balaton. Mein erklärter Lieblingsort, wo ich jeden Besucher hinschleppe, ist in Tata der Öreg-See. Es gibt wunderschöne Städte wie Pécs, Debrecen, Kőszeg. Auch an der Theiss haben wir schon schöne Tage verbracht. Ungarn ist ein Schatzkästchen und jeder findet seinen eigenen Lieblingsplatz: ob am Wasser, in der Puszta, auf Bergen, in Großstädten und kleinen Dörfern.«

Diana Bedemann

Unser Bauchgefühl sagte: Auswandern (Kroatien)

Als ich meinen Mann lieben lernte, war meine Tochter bereits ein Jahr alt. Auch er brachte seine siebenjährige Tochter mit in die Beziehung. Schnell wuchsen wir zu einer Familie zusammen. Wir wohnten alle vier unter einem Dach, und aus meine und deine Tochter wurde schnell: unsere Töchter. Viele Jahre sind seit damals vergangen – doch eins ist geblieben: unsere kleine Familie.

Für viele scheint unser Leben heute, von außen betrachtet, wie ein Traum. Wir sitzen morgens gemeinsam auf der Terrasse mit Blick zur Adria, trinken unseren Kaffee und genießen die Sonne. Keine Hektik, kein Stress. Nur das Zwitschern der Vögel, eine warme, leichte Brise, welche durch unsere Haare weht. Der kleine Hund sitzt bettelnd neben uns und möchte gestreichelt werden, der Kater sitzt gleich daneben und beobachtet die Situation. Uns sitzt kein Termin im Nacken. Doch ganz so einfach und entspannt, wie es auf den ersten Blick wirkt, ist es nicht.

Und plötzlich war alles anders

Unsere jüngste Tochter war ein gesundes, aufgewecktes Baby und entwickelte sich ihrem Alter entsprechend. Sie hatte keine gesundheitlichen Probleme. Ein kleines, neugieriges und fröhliches Mädchen. Doch kurz vor ihrem sechsten Geburtstag änderte sich von einem Tag auf den anderen alles. Unsere jüngste Tochter bekam plötzlich »große« epileptische Anfälle (Grand-mal-Anfälle) – erst alle zwei Wochen, dann alle zwei Tage und dann fast täglich. Der erste Grand-mal-Anfall, den ich miterlebte, war für mich sehr schwer. Ich war völlig überfordert mit der Situation, konnte nicht klar denken und die Tränen rollten über mein Gesicht. Ich fühlte mich noch nie so hilflos. Die behandelnde Ärztin setzte die Medikamente nach jedem Anfall etwas höher, doch das alles half nichts. Um sie medikamentös besser einstellen zu können, wurde sie ins Krankenhaus eingewiesen. Nach einem zweiwöchigen Aufenthalt dort durften wir unsere Tochter wieder mit nach Hause nehmen. Allerdings nicht für lange. Da sie jedoch am nächsten Tag gleich mehrere Grand-mal-Anfälle hatte, musste sie wieder ins Krankenhaus.

Die Schwester auf der Station war sehr nett, trotzdem hatten wir kein gutes Gefühl. Unsere Tochter war in einem Einzelzimmer untergebracht, welches sehr weit vom Schwesternzimmer entfernt war. Wie sollten die Krankenschwestern es mitbekommen, wenn sie einen epileptischen Anfall hätte? Da diese Frage von den Krankenschwestern nicht beantwortet werden konnte, blieb ich bei ihr im Krankenhaus.

Am Abend brachte die nette Krankenschwester eine große Tablette von dem Antiepileptikum unserer Tochter und ein weiteres Medikament, welches ihre behandelnde Ärztin ihr bei der erneuten Einlieferung ins Krankenhaus verschrieben hatte. Es war ein Notfallmedikament im Voraus, um weitere epileptische Anfälle zu unterdrücken. Ich wunderte mich sehr über die Darreichungsform, da das Antiepileptikum unserer Tochter aus vielen kleinen Kügelchen bestand. Auf mein Nachfragen erklärte mir die Schwester, dass das Medikament nicht in der gewohnten Form vorrätig wäre, es jedoch bereits bestellt worden wäre. Unsere Tochter nahm ihre Medikamente ohne Probleme, doch in diesem Fall war es sehr schwierig. Ein fünfjähriges Mädchen sollte eine große Tablette zu sich nehmen. Mit fast einem Liter Wasser und vielen Versuchen schaffte sie die große Tablette und das Notfallmedikament im Voraus zu schlucken. Nach kurzer Zeit bekam sie einen epileptischen Anfall und erbrach alle die eingenommenen Medikamente. Die Stationsschwester brachte die Medikamente erneut, untergemischt in einem kleinen Quark.

Die kommende Nacht war fürchterlich. Unsere Tochter hatte Schlafprobleme, konnte nicht mehr alleine sitzen und auch das Sprechen war sehr undeutlich. Nach einer sehr unruhigen Nacht erzählte ich der Schwester von meinen Beobachtungen, als sie die Medikamente brachte. Zudem fiel mir auf, dass sie am Abend davor eine viel größere Menge an Medikamenten einnehmen musste. Ich machte die Stationsschwester darauf aufmerksam, woraufhin sie das Zimmer mit den Medikamenten verließ. Eine halbe Stunde später wurde meine Tochter auf die Kinder-Intensivstation verlegt und ein

Arzt erklärte mir, dass sie eine 20-fache Überdosis des Notfallmedikamentes am Abend zuvor bekommen hatte. Wir veranlassten eine sofortige Verlegung in ein anderes Krankenhaus, sobald sie wieder transportfähig war.

In den nächsten Monaten folgten weitere Krankenhausaufenthalte, doch unserer Tochter ging es immer schlechter. Die Anfälle wurden nicht weniger, ganz im Gegenteil, es wurden mehr und es kamen weitere Anfallsformen hinzu. Aufgrund der Verschlechterungen fingen wir an zu recherchieren und hinterfragten die Behandlungsmethoden der Ärzte und der Schulmedizin. Wir wollten nicht mehr die ständigen Erhöhungen der Medikamentendosis mitmachen, denn wir sahen mit jedem Tag, dass die ganzen Medikamente unserer Tochter nicht halfen. Das Gegenteil war leider der Fall. Sie war am Ende nur noch ein sabberndes Häufchen Elend in einem Rollstuhl, nicht mehr fähig am sozialen Leben teilnehmen zu können.

Als wir mit einer behandelnden Ärztin über die Nebenwirkungen eines Medikamentes und unsere Beobachtungen reden wollten, wurde sie laut und bezeichnete uns als Lügner. Die Verhaltensauffälligkeiten und Halluzinationen unserer Tochter seien keine Nebenwirkungen des Medikamentes, sondern eine Folge ihrer epileptischen Anfälle. Sie verwies uns ihrer Praxis und verweigerte eine Weiterbehandlung. Einige Wochen später erhielten wir Post vom Jugendamt, indem die Ärztin »Gefahr im Verzug« angab.

Und so ging es weiter. Wir suchten weitere Ärzte der Schulmedizin auf. Doch kein Arzt glaubte uns, dass unsere Tochter starke Probleme mit den verschiedenen Medikamenten hatte. Sie vertraten die Meinung, dass wir die Nebenwirkungen in Kauf nehmen müssen, denn immerhin geht es darum, die Epilepsie in den Griff zu bekommen. Die Ärzte stellten uns als Lügner und Verweigerer der Behandlungen dar. Das führte so weit, dass eine Ärztin, welche unsere Tochter schon lange nicht mehr behandelte, bei Gericht beantragte, dass mir das Sorgerecht in medizinischen Fragen entzogen werden sollte. Da wir jedoch mit Bild- und Videoaufnahmen und einer ausführlichen Stellungnahme nachweisen konnten, dass wir dauerhaft auf der Suche nach ärztlicher Hilfe waren, hatte sich das Gericht zu unseren Gunsten entschieden.

Und auch die Schule unserer Tochter verlangte, dass sie bei Anfällen ein Notfallmedikament nehmen müsse. Wir vereinbarten, dass wir vor der Gabe eines Notfallmedikamentes immer erst angerufen werden. Leider hielt sich die Schulärztin nach einiger Zeit nicht mehr an diese Absprache und gab unserer Tochter ohne weitere Absprachen ein Notfallmedikament. Die Schulärztin wusste, dass dieses Notfallmedikament für Kinder nicht zulässig war und aus anderen Gründen sogar vom Markt genommen wurde. Das letzte Vertrauen in die Schule und die Schulärztin war kaputt. Aus Angst um die Gesundheit, vor den Nebenwirkungen und den Folgeschäden konnten wir den Bedingungen für einen Schulbesuch unserer Tochter nicht mehr zustimmen. Das hatte zur Folge, dass sie nicht mehr die Schule besuchen durfte. Demzufolge blieb ich mit ihr zu Hause, wodurch ich meinen Job verlor.

Ein kleiner Sturz mit großen Folgen

Eines Tages stürzte mein Mann in der Werkstatt in einer Grube. Danach kam er immer öfter von der Arbeit nach Hause und klagte über Schmerzen im Handgelenk. Die Ärzte gingen davon aus, dass die Schmerzen durch eine zu starke Beanspruchung oder eine Zerrung kamen, denn auf Röntgenaufnahmen wurde nichts gesehen. Mein Mann ist Kfz-Meister und da kann es auch schon einmal vorkommen, dass man sich das Handgelenk verdreht. Trotz geringer Belastung und schmerz- bzw. entzündungshemmender Salben wurden die Schmerzen mit der Zeit immer stärker. Nach mehreren Untersuchungen und verschiedenen Ärzten stellte sich heraus, dass das SL-Band angerissen war. Der Arzt gab uns zu bedenken, dass die Verletzung zum Beispiel von einem Sturz kommen könnte. Ein befreundeter Versicherungsmakler gab uns den Rat, den Schadensfall bei den Versicherungen, wie der Unfall- und der Berufsunfähigkeitsversicherung, vorsorglich zu melden.

Für die weitere Behandlung kamen leider nur zwei Möglichkeiten in Frage: 1. Das SL-Band durch eine Operation zu erneuern, wobei das Handgelenk nach der OP stark in der Beweglichkeit eingeschränkt sein würde, oder 2. Keine Operation, dann würden die Schmerzen sich mit der Zeit jedoch immer weiter verschlimmern. Mein Mann entschied sich für die OP. Wochenlang musste er danach einen Gips tragen. Als dieser dann endlich entfernt wurde, stellte man fest, dass das Handgelenk nur noch zu ca. 20 Prozent beweglich ist. Die Schmerzen sind, schon bei geringer Belastung, leider geblieben. Es stand jedoch fest, dass er in seinem handwerklichen Beruf nicht mehr arbeiten kann.

Wir mussten uns über eineinhalb Jahre mit den Versicherungen auseinandersetzen, diverse Fragebögen ausfüllen, Befundberichte zusenden und Termine bei unterschiedlichen Gutachtern wahrnehmen. Es wurde am Ende anerkannt, dass die Verletzung beim Sturz in die Grube entstanden war. Heute bezieht er eine Berufsunfähigkeitsrente.

Am Anfang war da eine Idee

Mein Mann, meine Eltern und ich stellten uns eine Frage: Was wäre, wenn wir Deutschland verlassen und in einem anderen Land neu anfangen würden? Und wenn, wo sollten wir das Abenteuer in Angriff nehmen? Unsere erste Idee war Portugal. Wir wollten in ein Land auswandern, welches warm ist und am Meer liegt. Es sollte auch eine Region sein, die uns allen gefällt. Es sollte einfach der Ort sein, wo jeder von uns ankommt und sich wohlfühlt. Portugal, Spanien und Kroatien entsprachen unseren Wünschen. Um sich ein genaueres Bild von den Ländern zu machen, begaben sich meine Eltern auf eine Rundreise. Doch schnell wurde uns bewusst, dass

Portugal und Spanien nicht in Frage kamen. Bereits im Frühling war es schon viel zu warm.

Istrien, eine Region von Kroatien, gefiel uns schon immer sehr gut. In den letzten zehn Jahren hatten wir dort fast jeden Sommer verbracht. Das südländische Flair, die hohen Zypressen, Palmen am Straßenrand, Berge mit tollem Weitblick, viel Natur. Und trotzdem: Die Infrastruktur ist relativ gut ausgebaut. Einkaufsläden, Schule und Ärzte bedeuten nicht gleich eine kleine Rundreise für uns. Die Menschen sind offen, freundlich und hilfsbereit. Somit stand es fest, wir würden nach Istrien ziehen.

Wir begannen mit der Planung. Zuerst sollte ein Grundstück oder ein Haus gefunden werden, welches unseren Vorstellungen entsprach: ein Objekt, wo drei Generationen zusammen, aber jeder für sich, wohnen konnten. Die Gartenarbeit könnte man sich so teilen. Außerdem sollte es nicht in einer großen Stadt sein, wir lieben eher die ländliche Idylle. Jedoch sollte eine schnelle und ordentliche ärztliche Versorgung gesichert sein und eine Grundschule in der Nähe. Es gestaltete sich schwieriger als gedacht. Mein Mann und mein Vater trafen sich in Istrien mit mehreren Maklern, doch die passende Immobilie war nicht dabei. Bei einem weiteren Aufenthalt meiner Eltern in Kroatien lernten sie ein kroatisches Paar kennen, welches auch als Immobilienmakler arbeitete. Sie zeigten meinen Eltern unter anderem ein Grundstück, welches genau unseren Vorstellungen entsprach. Für meine Eltern war es DAS Grundstück.

Bis zu diesem Zeitpunkt war es für mich nur eine Idee, ein Traum. Ich hatte noch nicht realisiert, dass sich in den nächsten Monaten unser ganzes Leben verändern würde. Auch hatte ich noch keine Gelegenheit gehabt, mir Istrien aus einem anderen Blickwinkel zu betrachten – nicht nur als Urlauber. Langsam fing ich an, mir meine Gedanken zu machen, ob es wirklich die richtige Entscheidung sei. Neugierde, Angst, Freude und Aufregung empfand ich gleichzeitig.

Wie sollte ich meiner besten Freundin, den Schwiegereltern und unseren Verwandten erklären, dass wir Deutschland verlassen wollten? Wie würden unsere Töchter reagieren? Unsere große Tochter hatte nicht viel übrig für unsere Pläne. Sie wollte in Deutschland bei ihrer restlichen Familie und Freunden bleiben. Sie konnte sich nicht vorstellen, in Kroatien zur Schule zu gehen, die Sprachbarrieren waren zu groß. Sie wollte ihr Abitur gemeinsam mit ihren Freunden machen. Wir wollten gerne, dass sie mit uns nach Kroatien zieht. Somit folgten viele Gespräche, um ihr die Situation zu erklären und ihr die Möglichkeiten aufzuzeigen, die es gab. Unter anderem gab es in Zagreb eine Privatschule, die in Deutsch unterrichtete. Sie könnte dort ihr Abitur nach deutschem Standard machen. Der Nachteil war jedoch, dass die Schule circa 300 Kilometer von uns entfernt war. Sie wäre dort alleine, ohne Familie, ohne Freunde, ohne kroatische Sprachkenntnisse. Bei Problemen wären wir zu weit entfernt gewesen, um sie in den Arm zu nehmen und sie zu unterstützen. Wir konnten die Bedenken unserer Tochter verstehen und respektierten ihren Wunsch. Wir einigten uns, dass sie zu ihren Großeltern ziehen würde.

Besonders schwer fiel es mir, meiner besten Freundin davon zu erzählen, da es bedeutete, dass uns 1100 Kilometer trennen würden. Also nahm ich meinen Mut zusammen und rief sie an. Im ersten Moment war sie sprachlos. Sie verstand zwar die Gründe für die Auswanderung, machte sich aber viele Gedanken über unsere Zukunft. Würden wir dort mit der neuen Sprache zurechtkommen? Schaffen wir es finanziell? Finden wir eine Schule, welche unsere jüngste Tochter auch besuchen kann? Wie funktioniert es mit der Krankenversicherung? Auf alle ihre Sorgen hatte ich leider noch keine Antwort.

Das erste Gespräch mit der Oma von unserer jüngsten Tochter war sehr emotional. Als ich ihr am Telefon erzählte, dass wir auswandern möchten, fing sie an zu weinen. Es bedeutete, dass sie ihr einziges Enkelkind nur noch sehr selten sehen würde. Im zweiten Telefonat erklärte ich ihr unsere Hintergründe. Sie konnte uns verstehen, immerhin hatte sie alle unsere Probleme, welche wir wegen der Erkrankung unserer jüngsten Tochter hatten, mitbekommen. Sie wünschte uns, dass es uns in der neuen Heimat besser gehen würde, wir weniger Probleme mit den Behörden hätten und unsere Tochter endlich wieder zur Schule gehen könnte und so auch ein soziales Umfeld wiederhätte.

Ich überließ es meinem Mann, seine Eltern von unserem Vorhaben zu informieren. Zuerst waren sie überrascht, da wir nie zuvor über das Auswandern und Leben in anderen Ländern gesprochen hatten. Doch auch mein Schwiegervater hatte in jungen Jahren von einer Auswanderung geträumt und Pläne geschmiedet, diese jedoch nie realisiert. Sie wünschten uns viel Erfolg für die Umsetzung unserer Pläne. Mit der Zeit sprachen wir mit weiteren Bekannten, Verwandten und Freunden über das Auswandern. Die Reaktionen waren sehr unterschiedlich – von überrascht, verständnisvoll, ängstlich, sorgenvoll und traurig bis hin, dass sie es nicht verstehen konnten.

Nachdem unsere Familie und die meisten unserer Freunde Bescheid wussten, wollten wir uns die Gegend um Poreč und das Grundstück genauer anschauen. Wir, meine Eltern, mein Mann, unsere beiden Töchter und ich, fuhren gemeinsam nach Kroatien. Unser erster Eindruck war sehr positiv. Über die neue Bekanntschaft meiner Eltern, welche uns auch das Grundstück zeigte, hatten wir schnell Kontakt und einen Termin beim Direktor der Schule im Ort. Die Schule gefiel uns gut und das Gespräch mit dem Direktor und einer Lehrerin war sehr aufschlussreich gewesen. Ebenfalls nutzten wir den Aufenthalt, um Behördengänge, wie die Beantragung einer Aufenthaltsgenehmigung, zu erledigen. Zurück in Deutschland begann die Planung für den Umzug. Es musste noch vieles erledigt werden, bevor wir endgültig nach Istrien ziehen konnten. Der Umzug wurde Schritt für Schritt vorbereitet, das Haus nach und nach leergeräumt. Wir meldeten unsere jüngste Tochter an der Schule in Deutschland für das kommende Schuljahr ab, um sie an der Schule in Kroatien anzumelden. Bevor wir uns im Juli auf den Weg in unsere neue Heimat begaben, feierten wir noch gemeinsam mit unserer großen Tochter ihren Abschluss der 10. Klasse. In Kroatien begann Anfang September das neue Schuljahr – mit unserer jüngsten Tochter als Schülerin – jedoch erst einmal nur auf dem Papier: Bevor sie in die Klasse durfte, musste das Schulamt in Kroatien noch einiges genehmigen, wie den Kroatischunterricht und eine Schulassistentin.

Die Gesundheit unserer jüngsten Tochter und die daraus entstandenen Probleme hatten mir meine berufliche Perspektive genommen. Ich war nur noch Mama, Ehefrau und Pflegepersonal. Mein soziales Leben ging immer weiter bergab. Ich konnte mich nicht mehr spontan mit Freunden oder Bekannten treffen. Stattdessen kämpfte ich fast eineinhalb Jahre darum, dass unsere Tochter wieder zur Schule darf, setzte mich mit Behörden, Krankenkassen, Pflegekassen, Jugendamt und Ärzten auseinander, um am Ende das Beste für unsere Tochter zu erreichen. Die Chance, dass sie wieder auf ihre Schule durfte, stand schlecht. Auch weitere Schulen lehnten eine Beschulung ab. Und die hart erkämpfte Hausbeschulung sollte nach einem Jahr nicht weiter genehmigt werden. All diese kleinen und großen Probleme machten uns den Schritt, nach Kroatien zu gehen, leichter. Das Haus war schnell leer und der Umzug gemacht.

Unser Leben in Kroatien

Die erste Zeit wohnten wir und meine Eltern auf dem Grundstück, auf welchem das neue Einfamilienhaus meiner Eltern errichtet werden soll, in unseren Wohnwagen. Hier fand das Leben draußen statt. Es war eine tolle Zeit.

Kurz bevor der Winter anfing, wurden uns zwei Häuser nebeneinander angeboten. Meine Eltern kauften ein Haus, wir das andere. Noch heute, gut zwei Jahre später, wohnen wir in diesen Häusern. Unsere Tochter geht regelmäßig, wie es ihre Gesundheit zulässt, zur Schule – inmitten von ganz normalen Kindern ohne gesundheitliche Einschränkungen. Sie ist keinem Lernstress ausgesetzt, was ihr sehr guttut. Auch erhält sie eine individuelle Benotung ihrer Leistungen. Nach langer Zeit wird sie wieder integriert – im Schulalltag wie auch im sozialen Umfeld. Zu Kindergeburtstagen wird sie regelmäßig eingeladen. Dieses hatten wir seit Ausbruch der Krankheit nicht mehr erlebt. Wenn wir spazieren gehen und ihre Schulkameraden sehen uns, kommen sie auf uns zu, die Mütter laden mich auf einen Kaffee ein und wir unterhalten uns. Es sind die Kleinigkeiten, welche wir hier unheimlich zu schätzen wissen. Wenn ich morgens unsere Tochter zur Schule bringe, treffe ich mich meistens danach noch mit unserer Nachbarin und wir trinken zusammen einen Kaffee.

Wir haben hier für uns mehr Lebensqualität und können uns auf unsere Tochter konzentrieren. Keine Hektik, kaum Stress. Da wir aber komplett ohne Arbeit nicht leben wollen, gibt es auch für uns hier etwas zu tun. Meine Eltern haben ein Ferienhaus gekauft, um welches ich mich kümmere. Die Gäste persönlich in Empfang nehmen, Anmeldungen, Abmeldungen, das Haus sauber halten und für neue Gäste herrichten fällt in mein Aufgabengebiet. Weiterhin haben meine Eltern einen Olivenhain und Weinacker erworben. Auch dort gibt es immer zu tun. Und der Spaß ist immer mit dabei. Wie sagen unsere Bekannten hier so schön: »Alles kann, nichts muss!« oder »Malo pomalo«, was so viel heißt wie »Langsam, nach und nach«. Allerdings sind das teilweise Einstellungen, an die man sich als Deutscher erst gewöhnen muss. Durch diese Einstellung kann ein Termin zu einem Richtwert werden.

Die medizinische Versorgung, gerade für unsere jüngste Tochter, ist hier kein großes Problem. Wir haben bis jetzt noch das Gefühl, dass die Ärzte hier mit uns wirklich zusammenarbeiten, statt nur stur der Schulmedizin zu folgen. Der Weg zu bestimmten Ärzten kann allerdings auch zu einem Tagesausflug werden, da hier die Ärzte nicht so eng beieinander sind wie in Deutschland. Die Krankenhäuser sehen von außen sehr alt und heruntergekommen aus. Jedoch das Personal, die Freundlichkeit und Wartezeiten sind ein Traum. Das würde man sich in Deutschland wünschen.

Schwierig ist hier auch, die Sprache zu erlernen. Zum einen, weil viele hier deutsch sprechen, und zum anderen, weil die Sprache wirklich nicht leicht ist. Das sagen sogar die Kroaten über ihre Sprache.

Wir sind froh darüber, dass wir diesen Schritt getan haben, denn wir fühlen uns hier wohl. Wenn wir wegen eines Termins nach Deutschland fahren, halten wir den Aufenthalt dort so kurz wie möglich. Und schon beim Packen der Sachen haben wir kaum Lust, die Fahrt zu machen. Sind wir dann in Deutschland, zählen wir schon fast die Tage, bis wir endlich wieder nach Hause, nach Kroatien, können. Und weil wir genauso fühlen, war es für uns der absolut richtige Weg.

Jessica D.
bin.weg@yahoo.de

Leben und Lieben auf Ungarisch (Ungarn)

Eigentlich hatte ich nie vor auszuwandern. Ich war ja nicht mal in der Lage, mein Schulenglisch in irgendeiner Weise vernünftig anzuwenden. Dazu war ich erst genötigt, als ich ihn traf, den Grund, der mich mein Heimatland, meine Freunde und Familie verlassen ließ und mich in den Osten zog. In ein Land, von dem ich nicht mehr kannte als Puszta, Wildpferde, Gulasch und Sissi. Wo genau liegt Ungarn eigentlich? Diese Frage stellte ich mir zum ersten Mal, als wir uns trafen. Wir arbeiteten drei Wochen gemeinsam in einer deutsch-ungarischen Filmproduktion in Deutschland und unterhielten uns das erste Mal am allerletzten Abend. Dieser Abend änderte alles. Mein ganzes Leben stand Kopf und ich buchte am nächsten Tag meinen ersten Flug nach Budapest. Der erste von vielen. Diese Strecke wurde mein Schicksal. Wir lebten einige Zeit in einer Fernbeziehung, pendelten zwischen Deutschland und Ungarn hin und her. Im selben Jahr arbeitete ich auch auf einem Kreuzfahrtschiff und reiste um die Welt. Somit ging in dieser Zeit auch die eigentlich sehr enge Bindung an meine Heimat verloren und ich träumte von der großen, weiten Welt. Vor allem die Sehnsucht nach ihm wurde so groß, dass ich, ohne zu zögern, meine Koffer und Kisten packte, nachdem ich wieder festen Boden unter den Füßen hatte, und zu ihm nach Budapest zog.

Die ersten Wochen verbrachte ich damit, heimisch zu werden. Wir hatten eine gemeinsame Wohnung gemietet und ich baute unser Nest, während er arbeitete. Für ihn hatte sich nicht viel verändert. Für mich war es ein völlig neues Leben. Wir trafen seine Freunde, seine Familie, nur wenige sprachen englisch, noch weniger davon deutsch. Oftmals saß ich schweigend dabei und verstand kein Wort, bis mein Freund endlich übersetzte. Einkaufen wurde für mich zu einer großen Herausforderung. Zwar gibt es in Ungarn glücklicherweise Aldi, Lidl, DM und eine gute Auswahl an deutschen Produkten, aber dennoch musste ich oft genug erraten, was auf den Verpackungen der Produkte geschrieben stand. Auch gibt es manche Produkte, vor allem Fertigprodukte, mit denen ich in Deutschland gerne und schnell gekocht hatte, in Ungarn jedoch nicht. Dafür lernte ich, mir anderweitig zu helfen, kurz gesagt, ich lernte besser zu kochen. So wie damals auch meine Großmutter und Mutter gekocht hatten, als es noch keine Fertigprodukte gab. Ungarn passt sich aber langsam an. Mittlerweile finde ich immer mehr Dinge, die ich in den ersten Jahren schmerzlich vermisst habe. Meinen geliebten Curry-Ketchup und gewisse Käse- und Wurstsorten bringe ich allerdings immer noch von jedem Deutschlandbesuch mit. Es war wirklich schwer für mich am Anfang. Viele Dinge liefen einfach anders als im geordneten Deutschland. Hier kennt jemand jemanden, der jemanden kennt, der das oder dies reparieren oder organisieren kann. Dann wird stundenlang über die Lösung eines Problems diskutiert. Wenn man Glück hat, wird es dann auch gelöst, oder aber man wird auf die nächsten Tage und Wochen vertröstet. Ich fühlte mich oft allein und hilflos, vor allem, weil mein Freund bzw. heutiger Mann einen Beruf hat, in dem er von morgens 5 bis nachts um 10 oder 11 unterwegs ist. Er arbeitet im Filmbusiness und dreht deshalb auch oft im Ausland. So war und bin ich viel auf mich allein gestellt. Bei Behördengängen wurde und werde ich aber meistens von seiner Familie unterstützt. Leider konnten wir uns auch nicht immer hundertprozentig verständigen. Es gab deswegen schon sehr interessante und lustige Momente. Das ist heute mit meinen mittlerweile angeeigneten Ungarischkenntnissen schon viel besser geworden. Oftmals stieß ich bei den Mitarbeitern auf den Ämtern auf großes Unverständnis. Wieso ich keinen ungarischen Ausweis habe, wollte man wissen. Ohne ungarischen Ausweis ginge das nicht, hieß es zum Beispiel bei unserem Internetanbieter. Auch gab es tatsächlich einmal die Frage: »Deutschland, ist das denn EU?« Ich musste mich manches Mal wirklich zusammenreißen, nicht schreiend den Laden zu verlassen oder laut loszulachen. Dann gab es aber auch schon viele tolle Momente. Beim Steueramt erklärte die Dame vor mir plötzlich im fließenden Deutsch alles bis ins kleinste Detail. Und versucht man mit den Ungarn auf Ungarisch zu sprechen, sind sie oftmals ganz verzückt. So häufig kommt es nämlich nicht vor, dass ein Ausländer ihre Sprache spricht. Die ist aber auch verdammt schwer. Sie gehört zu den schwereren Sprachen auf der Welt und hat keinerlei Verbindung zu einer anderen Sprache.

Da ich im November 2011 nach Ungarn kam und nicht sofort wieder die Flucht zurück antreten wollte, blieb ich über Weihnachten in Budapest. Es war mein erstes Weihnachtsfest ohne meine Familie. Ich weinte jeden einzelnen Feiertag und vermisste alle ganz furchtbar. Ich zweifelte und war unsicher, ob ich wirklich den richtigen Schritt getan hatte. Als Silvester aber meine Freunde bei uns aufschlugen, war alles vergessen und wir feierten tagelang. Im Januar 2012 begann ich dann auch endlich aktiv nach einem Job zu suchen. Mein Erspartes war langsam aufgebraucht und die Zeit, die ich mir geben wollte, um anzukommen, war abgelaufen. Als ich die Chance bekam, als Sekretärin in einer Schwangerschaftsvertretung an der Deutschen Schule zu arbeiten, dachte ich nicht weiter über eine andere Option oder Idee nach. Durch die Arbeit in der Schule kam ich dann auch endlich richtig an. Ich knüpfte Kontakte, lernte meine ersten ungarischen Sätze und schloss Freundschaften fürs Leben. Ich baute mir das Netzwerk auf, das man im Leben braucht, egal wo auf der Welt man sich gerade befindet. Der Mensch ist einfach nicht fürs Alleinsein geschaffen.

In dieser Zeit machte ich dann auch das erste Mal Bekanntschaft mit dem ungarischen Gesundheitssystem. Mit einem Blinddarmdurchbruch kam ich ins Krankenhaus und wurde notoperiert. Kurz vor knapp. Das Krankenhaus schien noch aus dem 19. Jahrhundert zu sein, wie es leider noch vielfach vorkommt hier in Ungarn, aber die Ärzte waren klasse. Ich hatte einen deutsch sprechenden Anästhesisten und einen jungen Arzt, der perfekt englisch sprach. Nur mit den Krankenschwestern verständigte ich mich eine Woche lang über Zeichensprache, was definitiv eine interessante Erfahrung war. Es gab viel Gelächter, als die Frage aufkam, ob ich denn schon erfolgreich auf Toilette war. Irgendwie schafften wir auch das. Es war trotzdem Erleichterung pur auf beiden Seiten, als ich endlich heimkonnte.

Ich wechselte dann bald darauf meinen Job, von der Sekretärin zur Nachmittagsbetreuerin, wo ich mit meinen Freunden enger zusammenarbeitete, und diese Zeit genoss ich sehr, bis ich plötzlich bemerkte, dass ich schwanger war. Das war nicht direkt geplant. Aber wir waren sehr glücklich darüber. Es war eine wirklich schöne und unkomplizierte Schwangerschaft, allerdings stellte dieser Zustand mich regelmäßig vor große Herausforderungen. Schwanger sein war etwas komplett Neues in meinem Leben, und dann noch in einem fremden Land, weit weg von meiner Familie. Oftmals konnte ich die Arzttermine und Ultraschalluntersuchungen gar nicht so richtig genießen, da ich kaum etwas von dem verstand, was der Arzt mir zeigte und erklärte. Mein Arzt war nett, aber noch vom »alten Eisen«. Man arbeitet hier in Ungarn nämlich gerne noch als Rentner, da die Rente einfach vorne und hinten nicht ausreicht. Bis zu diesem Zeitpunkt hatte ich nur Ärztinnen gehabt. Ich schlug mich tapfer durch alle Vorsorgeuntersuchungen und Tests, die mir meistens noch mehr Fragen in meinem Kopf bescherten. Mein Mann und ich heirateten überstürzt, aber ganz romantisch zwischen Weihnachten und Silvester 2012. Familie und Freunde aus Deutschland ließen es sich dennoch nicht nehmen und kamen zu unserer Hochzeit. Es war der perfekte Moment für mich, denn alle, die mir lieb und teuer sind, waren an einem Fleckchen Erde versammelt. Leider gingen diese Tage viel zu schnell vorbei.

Schließlich, an einem Tag im Mai 2013, platzte meine Fruchtblase. Wir fuhren, nun schon zum zweiten Mal in meinem Leben und in meiner kurzen Zeit in Ungarn, ins Krankenhaus. Bei der Geburt gab es leichte Komplikationen. Plötzlich war ein zweiter Arzt da und dann noch eine andere Schwester, aber ich verstand kein Wort und konnte nicht verstehen, was genau vor sich ging. Ich bekam nur kurze Anweisungen, die mein Mann mir übersetzte. Jetzt denke ich, es war gut, dass ich nichts verstand. Ich geriet nicht in Panik und dachte, dass das schon alles seine Richtigkeit haben wird. Sauer war ich erst, als man mir mein kleines Mädchen nur kurz zeigte und dann mit ihr fortging. Ich verstand es nicht. Natürlich beruhigte mein Mann mich und folgte ihnen. Aber ich blieb zurück, ahnungslos und verloren. Etwas später bekam ich sie nur kurz und musste dann bis zum nächsten Morgen warten, da ich mich ausruhen sollte. Daran war natürlich nicht zu denken. Ich war voll Adrenalin. An Schlaf war nicht zu denken. Von Mitternacht bis zum frühen Morgen wartete ich unruhig auf den Moment, meine Tochter bei mir zu haben. Als es endlich so weit war, war ich überwältigt und überglücklich und dachte

nicht mehr an das, was zuvor war. Die Tage im Krankenhaus waren sehr schwierig für mich. Ich hatte vor allem
Schwierigkeiten mit dem Stillen. Eine nette Dame, eine
Art Hebamme, kam, konnte sich aber nicht wirklich
mit mir verständigen. Sie druckte mir Informationen
auf Deutsch aus und versuchte wirklich mir zu helfen.
Doch Hilfe bekam ich übers Telefon vor allem von meiner Familie aus Deutschland. Das Stillen blieb dennoch
schwierig, auch, da meine Tochter eine starke Gelbsucht
hatte, immer wieder einschlief und nicht richtig trank.
Am letzten Tag nahmen die Ärzte sie mir wieder weg. Da
ich nicht verstand, was los war, telefonierte ich völlig aufgelöst durch die Gegend, bis endlich jemand am Telefon
mit den Ärzten sprach, um mir zu erklären, dass meine
Tochter aufgrund ihrer Gelbsucht behandelt werden
musste. Zu Hause kämpfte ich mit den Schwierigkeiten
einer frischgebackenen Mutter. Anstatt Beistand oder
Erklärungen gaben mir die Schutzfrauen, die so ähnliche
Aufgaben wie unsere Hebammen haben, in ihrer Hilf-
losigkeit Milchpulver. Nach drei Monaten Kampf verlor
meine Tochter schlussendlich jegliches Interesse an der
Muttermilch. Ich bin immer noch sehr enttäuscht von
dieser negativen Erfahrung. Ich weiß nicht, ob es besser
gewesen wäre, wenn ich in Deutschland gewesen wäre.
Ich weiß nicht, ob man mir mehr hätte helfen können.
Aber ich hätte vielleicht einfacher jemanden fragen können und hätte öfter meine Familie um mich gehabt. Ich
glaube, das war die Zeit, in der mir meine Familie in
Deutschland am meisten fehlte.

Im November 2013 zogen wir in einen anderen Bezirk in Budapest. Weg von dem bisher Vertrauten und den lieb gewonnenen Menschen. Nicht sehr weit, aber dennoch war der Weg zu ihnen nun mit mehr Umständen verbunden. Aber wir wollten und brauchten eine größere Wohnung. Langsam wuchsen wir auch in unsere neuen Rollen hinein und genossen die erste Zeit als Familie nach den anfänglichen Strapazen. Als meine Tochter etwa acht Monate alt war, wurde ich dann erneut schwanger. Körperlich ging es mir diesmal viel schlechter als bei der ersten Schwangerschaft, aber alles andere konnte ich diesmal etwas mehr genießen. Ich wusste ja jetzt, was auf mich zukam, verstand auch schon etwas mehr Ungarisch (mein Vokabular zum Thema Schwangerschaft war schon enorm) und ich hatte meinen eigenen Arzt gefunden, dem ich vertraute und der vor allem gut englisch sprach. Da ich etwas schwächelte, verbrachte ich viel Zeit zu Hause allein. In dieser Zeit zog ich mich sehr zurück und vereinsamte etwas. Freunde lebten im anderen Bezirk und für mich war es schwieriger, mit Kind und dickem Bauch unterwegs zu sein. Wahrscheinlich eine ganz normale Sache, aber die Tatsache, dass ich nicht mal einen kurzen Smalltalk mit der Nachbarin, der Frau an der Kasse oder den netten älteren Damen auf der Straße halten konnte, erschwerte mir das soziale Leben etwas. In dieser Zeit fühlte ich mich unglaublich einsam. Die zweite Geburt war eine Bilderbuchgeburt. Mein Sohn passte genau den Moment ab, als meine Mutter eintraf und mein Mann seinen einzigen freien Tag in der Woche hatte. Diesmal bestand ich darauf, meinen Sohn sofort bei mir zu behalten. Ruhe brauchte ich nicht. Ich wäre auch gerne sofort nach Hause gegangen. Schließlich wartete dort ein kleines Mädchen auf mich. Das ist in Ungarn aber nicht vorgesehen. Drei bis vier Tage Krankenhausaufenthalt sind Pflicht. Das Stillen fiel mir zwar auch diesmal schwer, dennoch schaffte ich es, ihn ein Jahr so durchzubringen.

Ich hatte gelernt, auf mein Gefühl zu hören, und ich war stärker geworden mit all den Rückschlägen und Schwierigkeiten zuvor. Aber oft war ich allein mit zwei kleinen Kindern. Ich war müde und war froh, wenn ich Dinge ohne große Schwierigkeiten schaffte. Allerdings schien alles doppelt anstrengend. Ich hoffte, dass mich bloß keiner anspricht. Und wenn es doch jemand tat, fühlte ich mich dumm, weil ich nicht alles verstand. Wenn ich es verstand, war ich danach allerdings immer unglaublich stolz. Es ist nicht einfach, Mutter zu werden und sein Leben völlig neu auszurichten. Man muss vieles lernen. Das ist schon im normalen Alltag und in deinem Heimatland mit deiner Muttersprache eine große Herausforderung. Aber mit nur geringen Sprachkenntnissen in einem fremden Land ist man oft doppelt überfordert. Ich konnte nicht einfach in die Apotheke gehen und mein Problem mit einem kranken Kind schildern. Ich musste versuchen, mich in Dingen wie Erziehungsgeld, Kindergeld und all diesen Dingen zurechtzufinden. Natürlich half mein Mann, wo er konnte und wie er Zeit dafür hatte. Er bereitete Papiere vor und, wenn möglich, ging er selbst zu den jeweiligen Behörden, aber oft genug saß ich da mit zwei kleinen Kindern und versuchte zu verstehen, was das Gegenüber von mir wollte. Das war alles nicht einfach und auch eine große Belastung. Wenn die Kinder krank waren und ich allein, hatte ich oft Angst und fragte mich, ob ich in der Lage wäre, rechtzeitig Hilfe zu holen ... auf Ungarisch. Es war zum Glück niemals notwendig, aber ich hatte immer ein beklemmendes Gefühl dabei.

Eine große Diskussion gab es, als unsere Tochter in den Kindergarten gehen sollte. Der ist übrigens in Ungarn Pflicht. Die Situation: Sie sprach hauptsächlich deutsch, da sie meistens mit mir zusammen war. Ich dachte also an einen zweisprachigen Kindergarten. Mein Mann wollte aber einen ungarischen. Jetzt bin ich froh, dass wir uns für den ungarischen entschieden haben. Heute spricht sie nämlich beide Sprachen perfekt. Und mein Sohn ebenso. Der Sommer vor dem Kindergartenstart war allerdings ein besonders schwerer für mich. Ich wollte alles aufgeben, zurück nach Deutschland. Ich fühlte mich mit allem überfordert und mein Heimweh war so groß wie nie zuvor. Mir fehlten die Kontakte, da alle meine bisherigen Freunde arbeiteten oder feiern gingen. Beides war für mich nicht mehr so möglich. Ich machte Pläne für eine Rückkehr, hatte Vorstellungsgespräche in Deutschland, diskutierte mit meinem Mann über die Möglichkeit einer Fernehe, bis ich mir eingestehen musste, dass ich nicht davonlaufen wollte, sondern kämpfen würde. Für mich, meine Kinder, meine Familie, für ein glückliches Leben in meiner neuen Heimat. Ich musste meine neue Heimat akzeptieren, um glücklich zu sein. Das Schicksal hatte mich hierhergebracht. In dieser Zeit dachte ich viel an meine Oma. Sie war als junge Frau nach dem Krieg mit drei kleinen Kindern aus den Niederlanden in das verhasste Deutschland gekommen, weil ihr Mann dort Arbeit gefunden hatte. Die Grenzen waren zu dieser Zeit geschlossen, Besuche bei ihrer Familie waren nicht möglich. Kein Telefon. Sie sprach kein Wort Deutsch. Ihr Plan damals war, später wieder zurück in ihre Heimat zu gehen. Das hat sie nie getan. Sie ist in ihrem Zuhause gestorben. Dort, wo sie für ihr und das Glück ihrer Familie gekämpft hat. Ich versuche in schwachen Momenten immer an diese starke Frau zu denken und mir zu sagen, dass ich ihre Gene habe und das auch schaffen werde. Außerdem habe ich das Glück, im heutigen Zeitalter mehrmals täglich mit meiner Mutter sprechen, Fotos und Videos austauschen zu können und mehrmals im Jahr haben wir die Möglichkeit, einander zu besuchen. Ganz bequem mit zwei Stunden Flug. Also beschloss ich im Sommer 2016, ein zweites Mal mein Glück in Ungarn zu finden. Ich machte ein Jahr lang einen Abendkurs in Ungarisch. Und merkte, wie gut es mir tat, mein Hirn wieder zu füttern, nette Leute mit ähnlichen Schicksalen zu treffen und vor allem endlich in der Lage zu sein, mit Schwiegervater, Tante, Apotheker und allen anderen auf der Straße Smalltalk zu halten. Ich rede nämlich ziemlich gern und viel. Ich begann, endlich heimisch zu werden, und wir beschlossen, uns unseren Traum vom Haus hier endlich zu erfüllen. In Ungarn kann man sich das ja noch leisten. Zumindest etwas außerhalb der Hauptstadt. Außerdem haben die Vororte von Budapest oftmals deutsche Wurzeln und pflegen einige deutsche Traditionen wie zum Beispiel den Sankt-Martins-Umzug, den ich als Kind immer sehr gemocht habe. Gleichzeitig mit unserer Suche fing ich an, für ein ungarisches Deutschlern-Magazin zu schreiben. Verschiedene Artikel über unterschiedliche Themen für Anfänger, Fortgeschrittene und Profis. Ich lernte auch dort wieder neue Menschen kennen. Wir fanden im Frühjahr 2017 unser Haus etwa 20 Kilometer von Budapest entfernt, renovierten und zogen im September 2017 ein. Endlich ein richtiges Zuhause. Ich bekam wieder einen Job an der Deutschen Schule in Budapest, schreibe meine Artikel, übersetze nebenbei Texte und habe jetzt das Gefühl, es hat sich alles zusammengefügt und ich bin endlich angekommen. Ich bin glücklich hier, auch wenn ich noch immer jeden Tag meine Freunde und Familie schmerzlich vermisse. Es war ein wirklich schwieriger Weg und immer noch gibt es Tage, an denen ich Zweifel habe und einfach wieder nach Deutschland zurückmöchte, aber zum Glück nie besonders lange, denn mir ist klar, dass ich dort genauso Heimweh nach Ungarn und meinem Leben hier haben würde. Im Herzen werde ich eben nie mehr ganz vollständig sein, aber wenn ich es akzeptiere und versuche, beides in mir zu tragen und beides in mein Leben und in mein Herz zu integrieren, dann ist es doch schon fast ziemlich perfekt.

Anja Párdányi

Tausche Office gegen Yogamatte (Spanien)

Wenn ich heute auf die letzten zwanzig Jahre zurückblicke und mein Leben damals und heute betrachte, stelle ich zu meiner Freude fest, wie sehr sich alles verändert hat. Ja, krass verändert. In Deutschland war ich als selbstständige Unternehmensberaterin auf dem Weg zum Workaholic – raste von einem Termin zum nächsten, und auch Nachtschichten waren an der Tagesordnung. Ich lebte immer schon im Morgen, im nächsten Monat usw. Heute – selbstständig bin ich immer noch, heute als Yogalehrerin – bin ich angekommen in meinem Leben, im Hier und Jetzt und habe den schönsten Beruf der Welt. Yoga war zuvor mein Hobby und niemals hätte ich daran gedacht, auch damit mein Geld zu verdienen. Das ist dann einfach so passiert nach zehn Jahren intensiver täglicher Yogapraxis. Dies und die Auswanderung haben mit ihren vielfältigen Erlebnissen eine tiefgreifende, persönliche Veränderung mit sich gebracht, die – so glaube ich – in Deutschland in dieser Form nie stattgefunden hätte. Geplant war es nicht. Doch nun zu meiner Geschichte:

So fing alles an ...
Ich weiß noch ganz genau, wie alles anfing. Eigentlich hatten mein Mann und ich vor, nach unserer Pensionierung in den Süden auszuwandern. Das war mal so

der grobe Plan. Irgendwann mal, in dreißig Jahren. In 2001 reisten wir drei Monate mit dem Rucksack durch Indien. Ich glaube, mit dieser Reise hat bereits alles angefangen. Denn nach der Rückkehr fühlte sich alles Alte nicht mehr so richtig an. Im Mai 2002 fragte mich mein Mann eines Tages, warum wir diesen Plan nicht vorziehen und jetzt schon Deutschland verlassen sollten. Wir waren beide zweiunddreißig Jahre alt, beruflich gut aufgestellt – sehr gut sogar, was mich betraf. Ich bat ihn, mich eine Nacht darüber schlafen zu lassen. Am nächsten Morgen stand ich auf und sagte: »O. k., wir machen das.« Im November 2002 verließen wir Deutschland und wanderten aus – nach Andalusien an die Costa del Sol – östlich von Malaga.

Im Sommer zuvor hatten wir fast vier Wochen mit dem Auto die ganze Küste abgegrast und uns viele Orte angesehen. Im Oktober zogen wir dann noch einmal los, und auch wenn uns Barcelona und Valencia sehr beeindruckt hatten, fiel die Wahl auf Andalusien, da hier das Wetter wesentlich milder ist als an der restlichen Küste Spaniens. Unser Traumort: Nerja, doch da die Mieten und Unterhaltskosten in Nerja vergleichsweise teuer sind, entschieden wir uns für den kleinen Nachbarort Torrox. Ein Haus hatten wir vor unserer Ankunft bereits in der Gegend gemietet.

In Deutschland ließen wir alles hinter uns, kündigten die Wohnung, kündigten den Job, und auch beim Einwohnermeldeamt meldeten wir uns ab. Wir waren sehr naiv –

haben einfach gemacht, ohne nachzudenken. Heute sage ich: »Gut so«, denn sonst hätte ich es am Ende vielleicht nicht durchgezogen. Und klar, wir hatten ein Startkapital, ohne das hätte es wohl kaum funktioniert.

Das Abenteuer beginnt

Mein Mann fuhr am 31. Oktober 2002 mit dem Auto und einem Freund mit unserem wichtigsten Hab und Gut Richtung Andalusien. Ich reiste am 3. November mit dem Flieger und unserer Katze nach. Unser erstes Haus – ein typisch andalusisches Cortijo – rustikal, kalt und feucht und, wie das hier üblich ist, voll möbliert. Unser Möbelwagen war noch unterwegs und sollte vier Wochen später ankommen. Also war es erst mal gut so, jedoch war es eine Herausforderung, dem Vermieter zu erklären, dass in einigen Wochen unsere eigenen Möbel ankommen und er seine Möbel – teilweise – woanders hinschaffen muss. Das war hier nicht üblich und kam nicht besonders gut an. Mit dem Umzugsunternehmen gab es Schwierigkeiten und wir mussten hartnäckig täglich dort anrufen und Druck machen, damit unsere Möbel mit einigen Wochen Verspätung endlich da waren und ein kleines bisschen Heimatgefühl aufkommen konnte. Es gab einige kleine Schäden, doch im Gegensatz zu anderen Kunden dieser Firma haben wir dann wohl noch Glück gehabt. Mein Tipp aus dieser Erfahrung: Vorher genau erkundigen.

Die erste große Hürde – die Sprache lernen

Klar war für uns, dass wir erst einmal die spanische

Sprache lernen, denn schließlich müssen wir uns in dem Land, in dem wir zukünftig leben und arbeiten werden, verständigen können. Also buchten wir einen vierwöchigen Intensivkurs – natürlich in unserem Lieblingsort Nerja – in einer ansässigen Sprachschule. Wenn ich mich richtig erinnere, waren es sechs Unterrichtsstunden täglich. Für mich von Anfang an sehr frustrierend und mein Kopf, doch eher auf Zahlen spezialisiert, fühlte sich an wie auf links gedreht. Der Lehrer war sehr sympathisch, jedoch sprach er von Anfang an nur Spanisch – er konnte fast kein Wort Deutsch und auch sein Englisch war leider nicht besonders gut. Ich verstand NULL – war total down und kam manchmal weinend aus der Schule nach Hause. Das war für mich eine sehr anstrengende Zeit und die Sprache so richtig gelernt habe ich erst später, gemeinsam mit meinem Sohn, als er die 1. und 2. Klasse der hiesigen Dorfschule besuchte.

Mit Tieren leben

Als Kind hatte ich mir immer ein Haustier gewünscht, doch leider ist es – außer zu einem Kaninchen – nie dazu gekommen. Später als ich meine eigene Wohnung bezog, erfüllte ich mir diesen Wunsch mit einer Katze. Meine zweite Katze, genannt Süße, die mit mir auswanderte und mich insgesamt sechzehn schöne Jahre begleitet hat, ist vor zehn Jahren gestorben. Hier in Andalusien angekommen war ich erst überrascht und auch ein wenig erschrocken über den Umgang mit Tieren, insbesondere mit Hunden und Katzen. Gelten sie in Deutschland als Haustier und Freund des Menschen, sind sie hier oft eher lästiges Übel. Manche Regionen in Spanien laufen förmlich über, wilde Katzen und Hunde gehören hier zum Straßenbild und dringend nötige Kastrationen können von den ansässigen Tierschutzverbänden mit ihrer ehrenamtlichen Arbeit gar nicht aufgefangen werden. Als wir unser erstes kleines Cortijo bezogen, gab es dort neun Katzen, die den Terreno (Grundstück) als ihr Zuhause erklärt hatten. Vor allem einer stach hier heraus: der Chef, Kater Rubio. Er und seine Truppe wurden sofort zu meinen Freunden, wurden gefüttert und geschmust und wenn sie krank wurden, zum Tierarzt geschafft. Als wir leider eine der Katzen einschläfern lassen mussten, war ich unendlich traurig und konnte meine Tränen in der Tierarztpraxis nicht zurückhalten. In diesem Moment betrat ein Mann die Praxis mit einem kleinen Hundewelpen auf dem Arm: Einem belgischen Schäferhund, gerade mal drei Monate alt, schwarz mit einem weißen Punkt auf der Brust. Der Welpe war in den Bergen ausgesetzt worden, angebunden an einen Baum. Ich war fassungslos und der Mann ratlos, da er den Kleinen nicht behalten konnte. Der Tierarzt schnappte sich das Hundebaby und legte es mir in den Arm und sagte: »So, jetzt hast du einen Hund.« Völlig überrumpelt und gleichzeitig schwer verliebt verließen wir die Tierarztpraxis ohne Katze, aber mit Hundewelpen. Wir nannten ihn Blanco. Neben unserem derzeit betriebenen Restaurant war Blanco sehr schnell fester Bestandteil unseres Lebens geworden, auch wenn er nicht sehr einfach war. Er hatte wohl die ersten Wochen seines Lebens nicht so gute Erfahrungen mit Menschen gemacht, was ab und zu spürbar war. Fremden gegenüber war er skeptisch, was ihn unberechenbar machte. Sehr schwierig für uns, war er doch den ganzen Tag im Restaurant. Gott sei Dank hatten wir zu dieser Zeit Gaby – eine liebe Freundin aus Lichtenstein, die wir in der Sprachschule kennengelernt hatten. Sie war Hundetrainerin und bildete unter anderem Therapiehunde für Menschen mit Behinderung aus. Gaby hat uns im Umgang mit Blanco so unglaublich weitergeholfen und unser Verständnis für Hunde nachhaltig geprägt. Leider wurde unser Blanco nur acht Monate alt – er starb an einer Vergiftung oder einem epileptischen Anfall. Ich werde diese grausamen Stunden seines Todeskampfs nie vergessen, und sein Tod hat mich völlig aus der Bahn geworfen. Nur zwei Wochen nach seinem Tod – ich war immer noch völlig verstört – kam eine unserer Mitarbeiterinnen, Rosi, mit zwei Hundewelpen zu uns nach Hause und bot uns einen an, den anderen wollte sie selbst behalten. Natürlich waren auch diese Hunde von der Straße. Ich würde lügen, wenn ich behaupten würde, ich wäre begeistert gewesen: Irgendeine braun-weiße Mischung aus Pointer und Beagle – ein Jagdhund – nein, geht gar nicht, dachte ich. Ich wollte Blanco wiederhaben und nicht irgendeinen Campo-Hund. Doch mein weiches Herz war stärker, und so verließ Rosi unser Haus mit nur einem Hund, und so kamen wir zu unserer heißgeliebten Cuca, beste Hundemama der Welt, auch wenn sie nie eigene Welpen hatte. Sie hatte ein Faible für Babys aller Art: Katzenbabys, Hundebabys, und auch Babys und kleine Kinder bekamen immer ihre besondere Aufmerksamkeit. Die Gutmütigkeit in Tierform. Ich erinnere mich noch gut an eine besondere Situation: Wir hatten eine Familie, die wir am Strand kennengelernt hatten, zu uns eingeladen, und ich saß mit der Kleinsten, einem Mädchen, gerade mal zwei Jahre alt, auf unserem Sofa auf der Terrasse, als Cuca dazukam. Die Kleine schmatzte fleißig an ihrem Schnuller, was Cuca besonders zu interessieren schien. Ganz sachte stützte sie sich mit ihren Vorderpfoten auf das Sofa und schaute. Auf einmal bewegte sie sich vorsichtig mit ihrer Schnauze nach vorne und fasste mit ihrem Maul den Griff des Schnullers in Zeitlupe und zog ihn der Kleinen unglaublich behutsam aus dem Mund. Wir saßen da wie vom Donner gerührt, und als die Kleine anfing zu lachen, gab es kein Halten mehr. Unsere liebe Cuca ist vor drei Jahren nach schwerer Krankheit im Alter von elf Jahren gestorben.

Dann gab es noch Pinta, Cucas Weggefährtin, die kurze Zeit nach ihr bei uns einzog. Pinta lief mir auf dem Campo vor die Füße, sie noch ein Hundebaby und ich im siebten Monat schwanger. Pinta war ein wenig jünger als Cuca und sah ihr sehr ähnlich. Leider ist Pinta vor wenigen Wochen gestorben, als betagte alte Dame, die wir sehr ins Herz geschlossen hatten. Die nächste Hündin stand vor etwa sechs Jahren vor unserer Türe. Seven, eine Mischung aus Golden Retriever und Labrador, quetschte sich eines Tages hungrig und durstig als wildes Hundebaby durch unser Tor, und da mein Mann sich immer so einen Hund gewünscht hatte, bekamen wir mit ihr Hund Nummer 3. Vor zwei Jahren habe ich dann unsere Shiva – eine andalusische Podencohündin – auf der Zufahrt zur Autobahn aufgelesen. Niemand hielt an, obwohl das Tier mitten auf der Straße lag und offensichtlich nur den Kopf bewegen konnte. Ich nahm sie mit, und auch wenn mein Mann dagegen war, haben wir sie aufgepäppelt und behalten. Schicksal halt.

Zu unseren Hunden fügen sich dann momentan noch drei Kater, einige Hühner (für frische Eier) und Tauben. Heute kann ich mir ein Leben ohne Tiere nur noch schwer vorstellen und ich bin sehr dankbar, dass unser Sohn mit Tieren aufwachsen kann. Jedes einzelne von ihnen bereichert unser Leben, auch wenn ihre Haltung mit viel Arbeit verbunden ist.

Den Traum verwirklichen
Unser Traum war eine Beach Bar – aus heutiger Sicht betrachtet eher ein Traum meines Mannes –, jedoch auch mir gefielen die Idee und seine Vision dahinter. Das gewünschte Zielobjekt begegnete uns bereits im Januar, nur wenige Wochen nach unserer Auswanderung. Ein sogenanntes Chiringuito (spanischer Name für Strandbar) an einem wilden Strand und nicht am meist überlaufenen Paseo Maritimo, der Strandpromenade. Der erste Kontakt war schnell gemacht, und unser Sprachlehrer und seine deutsche Frau standen uns mit Rat und Tat zur Seite. Zwei Monate haben wir verhandelt und die Verträge so aufgesetzt, dass wir nach einem Jahr aus

dem Mietvertrag aussteigen konnten, da wir keine Ahnung hatten, was uns erwartete. »Oh, wie weise«, denke ich heute.

Im Frühjahr 2003, am Geburtstag meines Mannes, wurden die Verträge unterzeichnet und »El Ancla del Cirilo« war unser – eine Strandbar mit 24 Tischen außen und 24 innen. Das Abenteuer konnte beginnen. Schon naiv, so ein Projekt anzugehen, waren wir doch beide eher Büromenschen mit null gastronomischer Erfahrung. Doch darüber haben wir nicht so viel nachgedacht. Wir wollten es und haben es einfach gemacht. Erst mal hieß es renovieren – streichen, kleine Umbauarbeiten, Inventar aufstocken, Mitarbeiter suchen, mit Lieferanten sprechen … und, und, und. Alles in einem fremden Land, dessen Sprache wir noch nicht flüssig sprachen – bei mir besser gesagt: noch nicht einmal flüssig verstehen konnten. Wir haben viel gelernt in dieser Zeit, mein Mann noch mehr als ich, da er meist die Gespräche und Verhandlungen führte. Ich selbst hatte kaum die Gelegenheit dazu – selbst wenn ich gewollt hätte – 1. scheiterte es definitiv an der Sprache und 2. als Frau hatte ich eh keine Chance – die meisten Ansprechpartner wollten sich mit mir gar nicht unterhalten, da hier in Spanien der Mann die Verhandlungen führt – das Sagen hat – der Kopf der Familie ist. Geschäftlich habe ich dies sehr zu spüren bekommen, besonders in den ersten zwei Jahren. Anfangs war das sehr schwer für mich, und ich konnte und wollte das lange nicht akzeptieren. War ich doch in Deutschland als freiberufliche Unternehmensberaterin tätig gewesen und war es mehr als gewohnt, Gespräche und Verhandlungen zu führen. Nein, einen Mann brauchte ich hierfür nicht. Erst später habe ich gelernt, dies auch ein Stück zu genießen und loszulassen. Heute hat sich dieses Missverhältnis, so glaube ich, in den modernen und jüngeren Familien deutlich entspannt.

Doch zurück zu unserem Traum: die Strandbar.
Wir haben geackert und geschuftet und haben es tatsächlich geschafft, Ostern 2003 unsere Bar zu eröffnen – pünktlich zum Saisonstart. Die ersten Wochen waren eher komisch – jeden Tag verschiedene Sprachen – Deutsch – Englisch – und Gastarbeiterspanisch. Körperliches Arbeiten war ich ja gar nicht gewohnt, auch das war eine neue Erfahrung. Die Gespräche mit unserem Personal waren anfangs sehr holprig, da es mit der Sprache noch sichtlich haperte. Freizeit gab es kaum – abends nach Hause, den Tag kurz besprechen und ausklingen lassen – dann ins Bett – morgens wieder zeitig raus. Neben der Tätigkeit in unserer Strandbar selbst war ich noch für die Buchhaltung zuständig. Eine echte Herausforderung unter den gegebenen Umständen. Doch irgendwie ging es halt, und jeden Tag lernte ich dazu. Mein hohes Maß an Disziplin und Durchhaltevermögen, das meine Eltern mir mitgegeben haben, kam mir dabei sehr zugute. Wir hatten großes Glück, unseren Sprachlehrer und seine Frau an unserer Seite zu haben, die jederzeit für uns da waren und uns unterstützten, wenn es mal brenzlig wurde.

Leider ist die Gefahr, als Ausländer über den Tisch gezogen zu werden, sehr hoch, leider – man mag es kaum glauben – auch bei Anwälten, Steuerbüros, Ärzten etc. Wir haben da einige negative Erfahrungen gemacht. Nur ein Beispiel: Lange nachdem unsere Bar bereits wieder geschlossen war und wir beruflich andere Wege gingen, kam die Steuerprüfung, da wir noch eine größere Rückzahlung aus der Umsatzsteuer zu erwarten hatten. Die Belege befanden sich noch beim Steuerberater – ein Teil der Belege war bei uns zu Hause. Das Steuerbüro hatte zwischenzeitlich den Besitzer gewechselt – uns hatte man davon nicht unterrichtet. Alle Eingangsrechnungen aus der zweiten Jahreshälfte fehlten. Das Steuerbüro behauptete steif und fest, dass dort keinerlei Belege mehr von uns vorlägen. Also mussten wir unseren Sprachlehrer wieder aktivieren. Diese Erkenntnis würde ich heute jedem mit auf den Weg geben: In Begleitung eines Einheimischen wirst du auf jeden Fall viel ernster genommen und nicht so leicht abgewimmelt. Auch wenn unser Spanisch inzwischen viel besser geworden war, reichte es für Auseinandersetzungen und klare Vereinbarungen noch nicht ganz. Wie durch Zufall schauten die Angestellten noch mal überall nach, und es fanden sich tatsächlich zwei Ordner von uns – zwar nicht mit den benötigten Eingangsrechnungen, doch so mussten sie wenigstens zugeben, dass sie sehr wohl noch Belege von uns lagerten. Letztendlich mussten alle Eingangsrechnungen in Kopie angefordert werden – dies erledigte das Steuerbüro nach langen Diskussionen, und die ganze Sache nahm für uns noch ein gutes Ende – zog sich jedoch über viele Wochen und war sehr anstrengend.

Der Sommer kam und somit auch die Hochsaison. Dass diese letztendlich nur drei bis vier Wochen dauerte und an unserem Strand 95 % der Urlauber Spanier waren, hatten wir so nicht erwartet. Als einziger Ausländer in dieser Reihe Chiringuitos haben wir uns – glaube ich – ganz gut eingefügt und dafür, dass wir absolut keine Ahnung hatten, sicher auch ganz gut gemacht. Jedoch war die Konkurrenz meist im Besitz der genutzten Immobilie – hatte also keine Miete zu zahlen und wurde, besonders in dieser kurzen Hochsaison, von der Familie unentgeltlich unterstützt. Im Nachhinein betrachtet hatten wir unter diesen Voraussetzungen keine Chance, ein ertragskräftiges Unternehmen aufzubauen. Hohe Miete, viele Angestellte – alles offiziell abgerechnet. Die übliche Vertragslaufzeit für Angestellte lief über mindestens drei Monate, wobei wir die Hälfte des Personals nur einen Monat wirklich benötigten. Bei diesen Verhandlungen mit einigen Angestellten haben wir uns teilweise über den Tisch ziehen lassen und durch unsere Gutgläubigkeit viel zu hohe Gehälter gezahlt. Und selbst wenn wir das hätten regulieren können, wäre es immer noch schwer gewesen, auch in der Nebensaison und im Winter von dem Erwirtschafteten zu leben. Schnell war uns klar, dass der Einzige, der immer gut verdienen wird, der Vermieter sein wird, während wir zu zweit bis zu vierzehn Stunden täglich schuften mussten, um einigermaßen über die Runden zu kommen.

Nach Ablauf des ersten Jahres versuchten wir also, die Miete neu zu verhandeln. Jedoch war die Eigentümerin zu gierig und irgendwann war es einfach zu viel, sodass wir von unserem Kündigungsrecht Gebrauch machten. Ich bin heute sehr froh, dass alles so gekommen ist, auch wenn ich es mir zu diesem Zeitpunkt anders gewünscht hatte und sehr traurig war, dass wir El Ancla aufgeben mussten.

Mein Fazit aus dieser Zeit: Mit El Ancla haben wir einen Traum verwirklicht, und auch wenn es nicht funktioniert hat, empfinde ich diese Erfahrung nicht als Scheitern. Wir haben viel gelernt, viel gearbeitet, viel gelacht, viel erlebt und ich möchte diese sehr intensive Zeit nicht missen. Und … es ergab sich auf einmal etwas völlig Neues, was mein ganzes Leben auf den Kopf stellte: Ich war schwanger! Nach einem Jahr Spanien war ich schwanger, obwohl ich doch nach Aussage deutscher Ärzte ohne künstliche Hormone keine Kinder bekommen konnte. Etwas Neues begann.

Ein Kind bekommen in einem fremden Land

Auch in dieser Hinsicht war ich sehr naiv. »Ja klar bleiben wir und bekommen unser Kind in Spanien«, verkündete ich meinen Eltern am Telefon, als ich ihnen die frohe Botschaft mitteilte. Jetzt das Leben wieder auf den Kopf stellen, »nur« weil Nachwuchs unterwegs war? Nein, das kam uns überhaupt nicht in den Sinn. Ein Kind kann man ja überall bekommen und großziehen.

Ja klar!

Also auf ins Abenteuer. Meine Schwangerschaft verlief eigentlich reibungslos, jedoch habe ich mich nicht wirklich wohlgefühlt in meinem Körper. Es war eine schöne, intensive aber auch zum Teil seltsame Zeit. Vielleicht war ich innerlich auch mit all dem überfordert – denn eigentlich hatte ich mich auf ein Leben ohne Kinder eingestellt. Es war so eine große Sache für mich – vor allem, als ich die ersten Bewegungen unseres Kleinen in meinem Bauch spüren konnte. Ein Wunder, dachte ich, was die Natur uns da geschenkt hat, und gleichzeitig auch beängstigend. Es war so groß, so nicht greifbar und bereitete mir viele Ängste. Ängste, dass etwas schiefgehen könnte, Ängste, dass meinem Kind etwas passieren könnte, Ängste, dass mir etwas passieren könnte … Ängste, Ängste, Ängste, mal mehr, mal weniger! Also bereiteten wir uns – poco a poco – auf die Ankunft des neuen Familienmitgliedes vor. Zimmer einrichten, Babysachen kaufen, spanischen Frauenarzt suchen, Krankenhaus suchen etc. Hier sollten noch einige Hürden auf mich zukommen. Da ich voller Ängste war, hatte ich mir vorgestellt, einen geplanten Kaiserschnitt zu wählen, und stillen wollte ich auch nicht – schließlich wollte ich ja keinen Hängebusen. Heute muss ich echt darüber lachen, über welche unwichtigen Dinge ich mir so viele Gedanken gemacht hatte. Als Erstes suchten wir einen Frauenarzt und landeten auf Empfehlung im 18 Kilometer entfernten Torre del Mar bei einem spanischen Frauenarzt, der auch die Geburt in der von uns gewählten Privatklinik in Malaga begleiten sollte. Also alles easy, dachte ich. Gleich beim ersten Termin wollte ich ihm das mit dem Kaiserschnitt und Nicht-stillen-Wollen klarmachen. Ich kann mir nur denken, was er dachte. Beim Kaiserschnitt schaute er völlig irritiert – unverständlich – in Andalusien war der geplante Kaiserschnitt wohl noch nicht angekommen. Um nicht aus der Reihe zu tanzen und um weitere Diskussionen zu vermeiden, winkte ich schnell ab und entschied mich dann doch für die normale Geburt. Beim Thema Stillen ging es mir genauso. Doch es kommt immer anders, als man denkt. Die Monate zogen dahin und wir konnten es immer weniger erwarten, bis ER – unser Luca – endlich kam. Die vierzig Wochen Schwangerschaft waren Ende August vorbei, doch Klein-Luca machte immer noch keine Anstalten, neugierig auf die Welt zu kommen. Mein Frauenarzt sagte an einem Mittwoch zu mir: »Wir können nun noch zwei Wochen warten, oder wir leiten die Geburt ein.« Sofort stimmte ich der Einleitung zu – es war Hochsommer, heiß ohne Ende, meine Beine waren dick, ich hatte einfach genug und konnte es nicht mehr abwarten. Endlich war der vereinbarte Termin, ein Samstag, da – ich war aufgeregt, nervös, aber auch voller Freude. Wie würde er wohl aussehen?? Natürlich wieder begleitet von Ängsten. Auf dem Weg zum Krankenhaus meldete sich mein Arzt und teilte uns mit, dass er nicht zum Geburtstermin ins Krankenhaus kommen könne, da er einen familiären Notfall hat. Ups. Was nun? Unbekannter Arzt – na ja, was soll's, dachte ich. Wird schon schiefgehen. Im Krankenhaus angekommen ging dann alles sehr zügig. Die Geburt wurde unmittelbar eingeleitet und ich an einen Wehenschreiber gehängt. Nach nur kurzer Zeit piepste der Apparat, der die Herztöne unseres Sohnes aufzeichnete, so komisch. Ich war mit meinem Mann alleine im Zimmer. »Hm … was war das denn?« Wir nahmen es ganz cool und warteten, bis die Schwester kam. Als sie auftauchte, teilten wir ihr gleich mit, dass der Apparat gepiepst hätte, woraufhin sie sich den Verlauf der Herztöne mal genauer ansah. Sie schaute auf und meinte nur: »Wenn das noch mal passiert, sofort Bescheid geben.« Es kam auch ein Arzt vorbei, der bestätigte: »Sofort Bescheid geben.«

Dann kehrte wieder Ruhe ein und mein Mann und ich waren wieder alleine. Von den Wehen konnte ich kaum etwas spüren, doch dann piepste der Apparat wieder. Mein Mann eilte los und holte die Schwester, die brachte den Arzt mit und dann ging alles ganz schnell. Sofort reagieren: Kaiserschnitt – sofort OP vorbereiten. Ja, was war denn los? Klein-Luca hatte die Nabelschnur um den Kopf gedreht – eine normale Geburt war unmöglich. Es musste schnell gehen. Ab in den OP – mein Mann durfte nicht hinein. Oh Gott, nun war ich ganz auf mich gestellt und musste mich in so einer Ausnahmesituation in einer Sprache verständigen, die ich damals nur mäßig beherrschte. Ich weiß noch genau, als ich in den OP geschoben wurde – er war im Keller – alles etwas veraltet, müffelig, wuselig – machte gar keinen sauberen und sterilen Eindruck. Direkt vor dem OP-Eingang wurde geraucht – WAS? Was geht hier ab? Ich fühlte mich nicht gut aufgehoben und war der Panik nahe. Mein Mann dachte das Gleiche – aber wir konnten ja nicht mehr miteinander sprechen. Ich war kurz davor wegzulaufen, doch ich wurde auf den OP-Tisch geschnallt. DAS war im Nachhinein mit das Schlimmste, es fühlte sich grausig an, so festgeschnallt zu sein und diesen nicht gerade allzu vertrauenerweckenden, wildfremden Menschen ausgeliefert zu sein. Der Arzt wollte mir eine Rückenmarksnarkose geben – doch ich wollte nicht. Ich war mittlerweile so fertig, dass ich nur noch weg sein wollte aus diesem Horror, und bat um eine Vollnarkose. Da ging die Diskussion auf dem OP-Tisch los – festgeschnallt. Ich versuchte es mit Freundlichkeit und meinem Gastarbeiterspanisch. Der Arzt war wenig beeindruckt und diskutierte immer noch über die Rückenmarksnarkose. Dann platzte alles in mir – und auf einmal war mein Spanisch flüssig. Ziemlich laut und sauer teilte ich ihm mit, dass ich eine Vollnarkose wünsche und das ich nicht weiter diskutieren werde. Dann machte er endlich. Meine letzten Gedanken waren: »Nur schnell einschlafen, dann krieg ich nix mehr mit.« Als ich wieder aufwachte, war ich im Fahrstuhl und wurde gerade hochgebracht auf mein Zimmer. »Wo ist mein Kind???« »Noch bei der Untersuchung«, beruhigte mich mein Mann, der endlich wieder bei mir war. Er hatte IHN natürlich schon gesehen und war sehr berührt, erleichtert, glücklich. Als wir auf die Station kamen, durfte ich dann durch eine Scheibe auch den ersten Blick auf meinen Sohn Luca werfen. Blond war er, ups, mit allem hatte ich gerechnet, aber nicht mit blonden Haaren. Und diese Augenpartie – wie Papa – er ist Papa wie aus dem Gesicht geschnitten. Nun waren wir zu dritt und konnten unser Glück kaum fassen. Nun hieß es stillen. Luca wollte aber nicht trinken. Immer wieder baten wir die Schwester um Hilfe. Sie hielt sich nicht groß an uns auf und meinte immer nur in resolutem Ton: »Weitermachen.« Als Ersatznahrung bekam er irgendein Zuckerwasser – oh Gott, was sie den Kindern nicht alles antun. Es wurde auch am zweiten Tag nicht besser und auch am dritten Tag nicht. Doch niemand kümmerte sich darum. Meine Brust schmerzte schon, war rot, doch niemand wollte sich das anschauen. Die Schwester nicht, der Hebamme nicht (ja, DER, in Spanien gibt es männliche Hebammen), der Arzt auch nicht. Ich fühlte mich verloren in diesem Krankenhaus. Wir hatten uns doch extra diese Privatklinik ausgesucht, in der man uns versichert hatte, dass hier auch Englisch, vielleicht sogar Deutsch gesprochen würde. Doch es stellte sich heraus, dass nur der Verwaltungschef, der uns damals bei der Besichtigung das Krankenhaus gezeigt hatte, mehrere Sprachen beherrschte. Und das Wort Freundlichkeit kannte das Krankenhauspersonal offensichtlich auch nicht. Nur die Putzfrau ist mir noch in guter Erinnerung, sie war sehr freundlich und stammte aus Südamerika, so hatten wir etwas gemeinsam – wir waren beide Ausländerinnen, und das verbündete uns. Aber wieder zum Stillen. Klein-Luca kam samstags zur Welt, und montags wollte er immer noch nicht trinken. Ich hatte bereits Milch abgezapft – was sehr schmerzvoll war, da meine Brust sich bereits schwer entzündet hatte, dessen war ich mir jedoch noch nicht bewusst. An diesem Montag verließ mein Mann am Morgen das erste Mal das Krankenhaus, um unseren Kleinen bei der Gemeinde anzumelden.

Nachdem er weg war, Klein-Luca schlief friedlich neben mir in der Wiege, betrachtete ich ihn. Er lag auf dem Rücken, und ich war überwältigt: »Was für ein Wunder.« Ich war glücklich, überfordert, erschöpft. Niemand war bei mir, der mir Rat geben konnte. Meine Mutter, meine Schwester, meine Freundinnen, alle weit weg in Deutschland. Ich merkte, wie müde ich wurde, und wollte gerade meinen Augen erlauben, einfach mal zuzufallen, als der Kleine anfing zu zucken. Dann wechselte er die Farbe und wurde bläulich. Aber er machte kaum einen Laut. Was war los?? Voller Panik packte ich ihn und rannte zum Notfallzimmer am Ende des Flurs. Ich klopfte an die Tür und versuchte der Schwester klarzumachen, dass mit unserem Baby etwas nicht stimmte. Sie riss mir mein Kind aus der Hand und knallte die Tür vor meiner Nase zu. Für mich brach eine Welt zusammen. Ich wusste nicht, was los war. Keiner beachtete mich oder sprach mit mir. Ich wurde panisch und schlug gegen die Tür. Die Schwester öffnete ungehalten und verwies mich barsch auf mein Zimmer. Auf die Frage, was mit meinem Baby ist, antwortete sie nicht. Nun folgten die schlimmsten zwanzig Minuten in meinem Leben. Ich war aufgelöst, voller Panik, Angst und Sorge um mein Kind. Niemand war da – ich war ganz alleine. Ich rief meinen Mann an und berichtete aufgelöst. Er war auf dem Rückweg zum Krankenhaus und raste durch die Stadt, über rote Ampeln, um so schnell wie möglich wieder bei uns zu sein. Nach endlosen zwanzig Minuten, die sich anfühlten wie Stunden, brachten sie mir Klein-Luca wieder: putzmunter und gesund, als wäre nichts gewesen. Sie erklärten mir, dass ich ihn nach dem Trinken auf die Seite legen müsse, nicht auf den Rücken. Er hatte aber kurz zuvor nicht getrunken. Er hatte beim Aufstoßen das Zuckerwasser in die Luftröhre bekommen und wäre fast erstickt.

Uffff. Ja, so kann das gehen, wenn man keine Ahnung hat und niemand da ist, der einem die einfachsten Dinge erklärt. Heute weiß ich, dass es in Spanien üblich ist, dass immer Familienmitglieder im Krankenhaus sind und bei der Versorgung des Babys helfen und den neuen Müttern zeigen und erklären, was sie tun müssen. Das war bei mir natürlich nicht der Fall, und niemand fühlte sich berufen, mir zu helfen oder mir die einfachsten Dinge zu erklären.

Also das mit dem Kindbekommen ist nicht meine schönste Erfahrung und wäre zu Hause in Deutschland bestimmt nicht zu diesem Horrorerlebnis geworden. Doch es ging ja noch weiter. Am gleichen Tag bei der Visite berichtete ich dem Arzt erneut, dass der Kleine nicht richtig trinkt und ich Schmerzen in der Brust habe. Er wollte gerade den Mund aufmachen und schon wieder die Zuständigkeit auf die Schwester schieben, da war ich es leid – riss mein T-Shirt hoch, hielt ihm meinen blanken Busen ins Gesicht und schrie: »Y eso es normal?« »Und das ist normal?« »Oh Gott«, entfuhr es ihm.

»Warum haben Sie das denn nicht eher gesagt?« Hallo, dachte ich mir – ich bin im falschen Film. Dann bekam ich Antibiotika, die Entzündung in meiner Brust war schon weit fortgeschritten. Zunächst bekam ich das falsche Antibiotikum verschrieben, obwohl ich ausdrücklich auf meine Penizillin-Allergie hingewiesen hatte, und nur der Achtsamkeit meines Mannes ist es zu verdanken, dass ich dann doch das richtige Antibiotikum bekam. Gleichzeitig sollte ich weiter stillen, was überhaupt nicht ging, wegen der Schmerzen, und ich wollte meinem Kind die Antibiose auf keinen Fall zumuten. Ich wollte nur noch abstillen – es reichte mir. Das ganze Hin und Her, ich hatte genug von allem. Leider bekam ich Gegenwind. Mein Mann und meine Schwiegermutter, die telefonisch in engem Austausch mit meinem Mann war, bestanden darauf, dass das Kind gestillt werden müsse. Ich bin meiner Mutter heute sehr dankbar, dass sie mich bei einem Telefonat beruhigte und mich in meiner Entscheidung gegen das Stillen unterstützte. So setzte ich mich durch und stillte nach ein paar Tagen ab. Da war ich schon wieder zu Hause, da ich das Krankenhaus auf eigene Verantwortung vorzeitig verlassen hatte.

Nun kehrte langsam Ruhe ein – der Kleine bekam seine Flasche, wuchs und gedieh wunderbar – meine Nerven waren wieder beruhigt. Meine Mutter in Deutschland wurde immer öfter zu Rate gezogen. Hier hatte ich einfach das größte Vertrauen und keine Scheu, sie jederzeit anzurufen. Doch die Angst, der Kleine könnte noch mal einen Erstickungsanfall bekommen, blieb – vor allem nachts. Die Bilder von diesem Ereignis schwirrten noch lange in meinem Kopf.

Die Jahre vergingen

Schnell gewöhnten wir uns an Pamperswechseln, Babygeschrei etc. Ein neuer Lebensinhalt war geboren und die nächsten Jahre verflogen einfach nur so.

Als unser Kleiner etwa acht Monate alt war, suchte ich mir einen Job. Schneller, als meinem Mann lieb war, fand ich einen Halbtagsjob in einem Immobilienbüro – als Mädchen für alles, würde ich sagen. Vormittags 4,5 Stunden, also optimal für mich, so konnte ich am Morgen arbeiten und nachmittags für mein Kind da sein. Bei meinem Mann war es umgekehrt, da er selbstständig war und sich die Arbeitszeit frei einteilen konnte. Die Immobilienbranche hatte mich schon länger interessiert und so konnte ich hineinschnuppern in dieses Gebiet – hatte man doch schon so oft gehört, dass Ausländer häufig beim Kauf einer Immobilie über den Tisch gezogen werden. Also lernte ich in den kommenden vierzehn Monaten alles, was beim Haus- und Wohnungskauf unbedingt berücksichtigt werden muss.

Mein Fazit hieraus: Immer die Grundbucheintragung beim Grundbuchamt selbst überprüfen oder von einem vertrauenswürdigen Anwalt prüfen lassen. Immer einen eigenen Anwalt suchen und sicherstellen, dass keine Hypotheken mehr auf Haus und Grund eingetragen sind (sonst werden diese bei Vertragsunterzeichnung übernommen), die Immobilie immer und unbedingt selbst besichtigen vor Kaufvertragsunterzeichnung oder Anzahlung.

Freunde finden

Ja, das mit dem Freunde-Finden ist im Ausland leider nicht so leicht. Meine beste Freundin in Deutschland ist immer noch die gleiche wie vor meiner Auswanderung. Doch was mir fehlte, waren Vertraute in der Nähe, Menschen, denen ich mich öffnen konnte. In den sechzehn Jahren gibt es hier nur wenige Menschen, die einen festen Platz in meinem Herzen haben. In der Anfangszeit waren Gaby – die Hundetrainerin – und ihr damaliger Lebenspartner Neil unsere Vertrauten geworden. Dann waren da unser Sprachlehrer und seine deutsche Frau. In den ersten Jahren waren sie unsere besten Berater bei unserem Projekt Strandbar und später sehr eng mit uns befreundet. Sie leben heute seit mehreren Jahren in Deutschland.

Die spanischen Vermieter unseres zweiten Hauses – auch ein Cortijo auf dem Campo, in dem wir acht Jahre lebten – wurden zu unserer spanischen Ersatzfamilie. Unser Kontakt war sehr eng, da sie sich häufig bei uns am Haus aufhielten, um ihr Land zu bewirtschaften. Vor allem mit unserem Vermieter wurde mein Mann sehr schnell warm und ist bis heute mit ihm gut befreundet. Seine Frau, eine sehr herzliche Spanierin, gab uns oft Rat, was Luca betraf, und den beiden ist es zu verdanken, dass wir hier im Dorf Fuß gefasst haben. Auch sie standen uns immer zur Seite, wenn es mal brenzlig wurde. Luca behandelten die beiden wie ein Enkelkind, und pünktlich zu unserem Auszug aus ihrem Haus war das erste eigene Enkelchen unterwegs. Vor einigen Jahren sind wir gemeinsam durch Deutschland, Holland und Belgien gereist, eine tolle Zeit, in der wir so viel gelacht haben.

Eine sehr wichtige Vertraute für mich hier in Spanien: Mercedes, eine Argentinierin, deren Familie ursprünglich aus Andalusien stammt. Sie gehörte zu unserem Personal in der Strandbar, und wir hielten anschließend engen Kontakt. Sie war eine Mischung aus best friend und Ersatzmama und gerade in den ersten Jahren nach Lucas Geburt für uns sehr wichtig. Für meinen Sohn war sie wie eine Oma. Mit Mercedes wurde auch mein Spanisch langsam besser, auch wenn der Weg sehr mühselig war. Wir kamen schnell an den Punkt, an dem wir tiefere Gespräche führen wollten – aus der Vergangenheit erzählen, uns über unsere Gefühle und Träume austauschen wollten. Mercedes und ich haben stundenlang mit Kaffeetrinken & Erzählen verbracht – das Wörterbuch in der Hand – sie ihres, ich meines – und immer wieder haben wir uns die Wörter gezeigt, und so haben wir gelernt – jeden Tag ein wenig mehr – auch tiefere Gespräche zu führen. Als mein Sohn dann eingeschult wurde, bekam mein Spanisch noch mal einen Schub und eine andere Qualität. Leider ist Mercedes heute nicht mehr unter uns. Viel zu früh ist sie gestorben – schnell, plötzlich, ohne Voranmeldung. Die Nachricht ihres Todes erreichte mich an einem Montagmorgen im Juli, als ich am Tag zuvor von einer Deutschlandreise zurückgekommen war. Sie hat eine große Lücke hinterlassen – bis heute denke ich gerne an sie zurück und wünschte, sie wäre noch da.

Dann trat »my best friend in Spain« in mein Leben. Denica, eine Holländerin! Die erste Begegnung war im Montessori-Kindergarten; unsere Jungs in etwa gleich alt (zwei Jahre). Es hat sofort zwischen uns gefunkt und ich glaube, wir haben beide bei dieser ersten Begegnung gespürt, dass es einfach passt zwischen uns. Von da an waren wir unzertrennlich für die nächsten Jahre. Es war eine wunderbare, zum Teil sehr unbeschwerte Zeit. Wir waren beide zum ersten Mal Mutter geworden, lebten im gleichen Dorf und waren beide Fashionfreaks. Wir starteten gemeinsam einen Fashion Blog, auch um unser manchmal ein wenig eintöniges Hausfrauen- und Mutterdasein aufzupeppen. Leider ist Denica nach der Trennung von ihrem damaligen Lebensgefährten und Vater ihres Sohnes nach Marbella gezogen und lebt heute wieder in den Niederlanden. Die Freundschaft besteht natürlich weiterhin und ist für mich die Art Verbindung, die auch ohne ständigen Kontakt bestehen kann. Genauso wie auch bei meiner besten Freundin in Deutschland. Aber schwer war es, als sie aus unserem Dorf wegzog. Da war alles leer – auch für meinen Sohn war das nicht leicht – schließlich waren die beiden Jungs miteinander aufgewachsen.

Und dann gibt es noch Gida – eine Portugiesin mit südafrikanischen Wurzeln. Zuletzt hatte sie in London gewohnt und war ungefähr zur gleichen Zeit mit ihrem

Mann nach Andalusien ausgewandert wie wir. Ihr Erstgeborener heißt auch Luca und ist im selben Alter – kennengelernt haben wir uns über Denica und gemeinsame Kinderaktivitäten zu dieser Zeit. Diese Freundschaft ist heute für mich sehr wichtig, und auch unsere Jungs sind befreundet. Unsere Beziehung ist im Laufe der Jahre gewachsen, Vertrauen hat sich eingestellt. Leider fehlt oft die Zeit für gemeinsame Unternehmungen auch mal ohne Kinder.

Freundschaften im Ausland sind sehr wichtig, aber auch schwierig zu finden und nicht leicht zu pflegen. Es gibt keine Bekannten oder Kontakte aus Schulzeiten, die man vertiefen kann, keine gemeinsame Geschichte. Ich habe hier schon viele Auswanderer kennengelernt, die sich komplett zurückziehen, und man muss achtgeben, dass man nicht vereinsamt. Das mit dem Freundschaftenaufbauen mit Einheimischen ist nicht so leicht. In meinem Fall würde ich es nicht unbedingt an Andalusien oder Spanien festmachen, sondern einfach an der Tatsache, dass Torrox eher ein Dorf ist, und zu einer Dorfgemeinschaft bekommt man als Außenstehender nicht so leicht Zugang.

Alle haben ihr Leben, ihre Freunde, ihren Alltag. Jeder Neue wird erstmal beäugt. Meinem Sohn ging es leider nicht viel anders. Die meisten seiner Freunde/Bekannten sind auch Ausländer oder zugezogene Spanier. Allein das alltägliche Zur-Schule-Bringen wurde schon fast zum Spießrutenlauf, so kritisch fühlte ich mich beäugt und es wurde getuschelt – nicht zuletzt, weil ich zu dieser Zeit meine Liebe zu ausgefallener Mode auslebte. So gar nicht passte ich zum Kleiderstil der anderen Mütter und landete unübersehbar schnell in einer Schublade. Es hat Jahre gedauert, dazuzugehören. Doch mit Zurückhaltung und liebevollem Dranbleiben ist es mir irgendwann gelungen, auch unaufgefordert Informationen rund um den Schulalltag zu bekommen, und es ergaben sich immer häufiger lockere und freundliche Gespräche mit der ein oder anderen Mutter eines Klassenkameraden. Es gab Einladungen zu Kindergeburtstagen usw., doch enge Freundschaften sind dabei nicht entstanden.

Neue Begegnungen und irgendwas verändert sich

Im Laufe der Jahre wurde mir immer klarer, dass irgendetwas in meinem Leben fehlte. Überdeutlich wurde es für mich nach dem Wegzug von Denica. Sie hinterließ ein Loch – eine Leere, die teilweise von meinem damaligen Physiotherapeuten – einem Belgier namens Guy – aufgefangen wurde. Mit Guy, von Beruf Heilpraktiker und Osteopath, sollte mein Leben sich in eine neue Richtung wenden. Ich erinnere mich noch genau an unsere erste Begegnung. Ich traf ihn als Osteopathen – auch wenn ich damals dachte, er sei Chiropraktiker. Mal wieder geplagt von meinen Rückenschmerzen vereinbarte ich auf Empfehlung meiner Masseurin einen Termin bei ihm. Ich erinnere mich noch genau, als ich das Wartezimmer betrat, meine Masseurin war auch dort und er – Guy – saß mit dem Rücken zu mir. Er stand auf, drehte sich um und streckte mir seine Hand entgegen. Etwas wie ein warmer Windstoß hatte mich erstmal wieder aus der Tür katapultiert – heute weiß ich, es war seine Energie, die mich zurückweichen ließ. Bei der ersten Sitzung konnte er ein tiefsitzendes Trauma lösen, ein Erlebnis, das ich längst vergessen hatte und was mich dennoch seit dreiundzwanzig Jahren verfolgt und blockiert hatte, ohne dass mir dies bewusst war. Dieser Moment war ein ganz wichtiger in meinem Leben, der so vieles verändert – verbessert hat. Fasziniert von seinen Fähigkeiten wollte ich mehr von diesem unglaublichen Menschen wissen – für mich war er der Magic Man – und wurde bald zu einem meiner engsten Vertrauten für die nächsten vier Jahre. Neben meinem Mann ermutigte er mich auch, nach zehnjähriger Yogapraxis eine Yogaausbildung zu machen. In diesen vier Jahren wurde er auch zu meinem Lehrer, und als ich als Yogalehrerin die ersten Schritte wagte, war er es, der mich unterstützte und mir die Anatomie und wichtige Funktionen und Zusammenhänge des menschlichen Körpers näherbrachte. Ich lernte unwahrscheinlich viel von ihm und konnte das Gelernte in meinen Yogaunterricht einfließen lassen – ich erlangte die Fähigkeit, mein Yoga individuell dem Menschen anzupassen, da ich nachvollziehen konnte, woher viele Einschränkungen und Wehwehchen herrührten und was im Körper passiert. Eine sehr wichtige und intensive Zeit für mich. Auch heute sind wir noch miteinander verbunden und führen die von uns entwickelte Osteo-Yogatherapie fort.

Neben meinem Mann, meinem Sohn und diesen Menschen gibt es noch einen »best friend« der Familie, der eine nennenswerte Rolle in unserem Leben spielt. Wir sind füreinander da, und auch wenn wir uns nicht regelmäßig sehen und manchmal Wochen vergehen, ohne dass wir uns sprechen, achten wir aufeinander und wissen, dass wir uns auch mitten in der Nacht anrufen könnten.

Seit sechs Jahren bin ich nun Vollzeityogi und kann mir keinen besseren Job vorstellen. Durch meine Tätigkeit treffe ich fast täglich auf neue Menschen, ob Deutsche, Engländer, Schweden, Norweger oder auch Spanier, bunt gemischt. Diese vielen Kontakte zu interessanten, liebenswerten und entspannten Menschen erfüllen mein Bedürfnis nach Austausch und Verbindung.

In den vergangenen Jahren hier an der spanischen Costa del Sol haben wir viele sehr unterschiedliche Menschen kennengelernt. Viele ziehen nach einiger Zeit weiter, weil sie ihr Glück nicht wie erhofft finden. Einige stürzen ab durch Isolation und Einsamkeit. Andere finden ihr Glück und genießen das Leben auf der Sonnenseite. Die Geschichten der Auswanderer sind sehr unterschiedlich. Als Fazit kann ich sagen: Wenn es Dein Traum ist, auszuwandern, dann mach einen Plan und leg los. Doch: Ohne finanzielles Polster geht es nicht, und bei allem Drang, sofort zu starten, solltest Du Dir eine Reserve zulegen, die Dich im Ernstfall auffangen kann. Wir hatten das Glück, unsere Familie im Rücken zu haben, deren finanzielle Unterstützung vieles möglich gemacht hat. Glaube an Dich und verwirkliche Deinen Traum, und falls es doch schiefgeht, bist Du um eine Erfahrung reicher, die Dir niemand mehr nehmen kann.

Kiki Trenew
Solyoga
<u>info.solyoga@gmail.com</u>
<u>www.solyoga.es</u>

Viele Wege führen nach Rom …
(Italien)

Einunddreißigster August neunzehnhundertzweiundneunzig … Nun saß ich also im Zug, dem damals
brandneuen ICE, der mich mit über 250 Stundenkilo-
metern vom Hamburger Hauptbahnhof nach München
bringen würde, um von dort aus mit dem Nachtzug
nach Rom weiterzufahren. Im Ohr, damals noch mit-
tels »Walkman«, das Lied »Your Song« von Elton John.
Ein guter Freund hatte mir damals zwei Kassetten für
die lange Reise aufgenommen. Mir kullerten Tränen
übers Gesicht, die meine letzte für wer-weiß-wie-lange
Mehrkornstange mit mittelaltem Gouda noch salziger
schmecken ließen. Ich war voller Schwermut und ließ
die letzten hektischen Monate noch einmal gedanklich
Revue passieren:

Mehr zum Spaß war ich mit einer meiner damaligen
Freundinnen zu einer Kartenlegerin gegangen: »Du wirst
ins Ausland gehen, dort die Liebe deines Lebens kennenlernen, und all deine Vorhaben werden unter einem
guten Stern stehen!« … Na super!

Der Traum, eine fremde Sprache wie meine Muttersprache sprechen zu können, schwirrte schon seit langem in
meinem Kopf. Und wenn nicht jetzt, wann dann? Ich
war mittlerweile fünfundzwanzig und arbeitete seit neun
Jahren in einem kinderneurologischen Institut. Toller

Job, gutes Geld, nette Kollegen und einen Chef, wie man ihn sich nur wünschen kann. Ich war seit drei Jahren in einer festen Beziehung und wohnte in einer WG im Herzen Hamburgs. Eigentlich alles »paletti«, wie man in Deutschland zu sagen pflegt.

Und trotzdem fehlte mir da etwas. Das kann doch nicht alles gewesen sein? So kann das doch nicht für immer weitergehen!! Frankreich … ich komme! … war mein erster Gedanke, nachdem wir Frau Sommer, die Kartenlegerin, verabschiedet hatten. Französisch fand ich ja immer schon toll und außerdem hatte ich ja schließlich schon die nötigen Grundkenntnisse in der Schule erworben. Warum also nicht als Au-pair für ein Jahr zur Probe nach Frankreich? Also informierte ich mich bei den vielen Agenturen, die Au-pairs in aller Herren Länder vermitteln, und man sagte mir, dass ich meine Zeugnisse und Referenzen ins Französische übersetzen lassen müsste. Das tat ich dann auch, für viel Geld, im »Institut Français Hambourg«. Und wenn da nicht dieser Zettel »Französische Familie in Rom sucht zum 1. September kinderliebes Au-pair-Mädchen mit Führerschein. Wir wohnen sehr schön und sind auch ganz nett« am Schwarzen Brett im Foyer gehangen hätte, wäre ich vielleicht ja wirklich in Frankreich gelandet …

»Pronto!«, hörte ich wenige Stunden später eine sympathische Frauenstimme am anderen Ende der Leitung. Ich hatte all meinen Mut und die wenigen Italienischkenntnisse zusammengeschmissen, während ich die Nummer wählte. Mit zittriger Stimme antwortete ich: »Sì, pronto! Mi chiamo Gesine e sono tedesca.« »Ach, wie schön, dann können wir ja auch auf Deutsch weiterreden!«, erwiderte die sympathische Stimme mit einem Berliner Akzent. Hatte ich in der Aufregung die Vorwahl von Italien vergessen und stattdessen in Berlin angerufen? Nein, Nicole war jahrelang Flugbegleiterin der Lufthansa und einige Jahre mit einem Berliner verheiratet gewesen, stellte sich während des Gesprächs heraus. Vor dem Mutterschutz hatte sie bei Air France auf der Langstrecke gearbeitet, und ihr Mann war beruflich als Country-Manager für ein multinationales Pharmaunternehmen nach Rom versetzt worden. Nun suchten sie nach einem deutschen Au-pair für ihre beiden sechs und zweieinhalb Jahre alten Kinder. Zwei ganz süße, wohlerzogene Kinder, wie ich Monate später feststellen durfte. Nicole und ich waren uns sofort sympathisch und es schien mir, als ob wir uns schon lange kennen würden.

Einige Monate später bekam ich die Zusage und begann, meine bevorstehende Abreise und meinen Aufenthalt in der Ewigen Stadt zu organisieren:

Ausmisten, Wegwerfen, Verschenken. Am Ende fand mein gesamtes Hab und Gut Platz in zwei großen Koffern (einen mit Sommerkleidung für meine Abreise und den anderen, den mir mein kleiner Bruder im Oktober für die Wintermonate nach Rom bringen würde) und drei Umzugskartons, die fürs Erste Platz auf dem Dachboden meines älteren Bruders fanden. Space-Clearing, wie gut das tat!! Die Erinnerungen an die Abschiedsfeiern, die für mich von meiner Familie, meinen Freunden und Kollegen organisiert wurden, lassen noch heute, nach fast sechsundzwanzig Jahren, mein Herz höherschlagen.

Erster September neunzehnhundertzweiundneunzig ... Das Erwachen, als der Nachtzug beim Einfahren nach Rom sein Tempo verringerte, war ein Gemisch aus Freude, Neugier, Angst und Zweifeln. Der morgendliche Himmel über dem römischen Umland war so blau, die Hügel mit den grünen Olivenbäumen auf verdorrten Feldern so gelb und die Häuser so terracottarot. Es schien, als ob alle Farben viel intensiver waren. Ich öffnete das Fenster, holte tief Luft, ließ meine Gedanken treiben und fuhr, ohne es zu wissen, an Bahnstationen vorbei, die Jahrzehnte später eine große Bedeutung für mich haben würden ...

Nicole, meine »Au-pair-Mama«, wartete schon am Bahnsteig auf mich. Zum großen Glück hatten wir beide vorher Fotos ausgetauscht, ansonsten wäre das Finden hier in diesem Getümmel aussichtslos gewesen, Handys gab's damals nur wenige und ich gehörte nicht zu den Wenigen, die mit den damaligen Handys, die wie Schuhkartons mit unendlich langer Antenne aussahen, durch die Gegend liefen. Nicole hatte die Kinder zu Hause gelassen und gemeinsam fuhren wir mit ihrem Ford Fiesta vom Hauptbahnhof Termini nach einer kurzen Stadtrundfahrt in die Via della Giustiniana im Norden der Stadt, wo die Familie, wie schon mitgeteilt, »sehr schön wohnte«. »Wow«, dachte ich, als sich das große Tor öffnete. Vor mir erschien ein herrlicher Garten mit meterhohen Pinienbäumen, einem riesigen Pool mit klarem, türkisfarbenem Wasser, der eigentlich zum sofortigen Reinspringen einlud, und eine dreistöckige terracottafarbige Villa. Die Kleinen, Gary und Elisa, warteten schon neugierig auf meine Ankunft, und für mich war es »Liebe auf den ersten Blick«, als die beiden hübschen Blondschöpfe mit selbstgemalten Bildern auf mich zu rannten. Dies war der Anfang der zwei schönsten Jahre meines Lebens ...

Alles war einfach nur perfekt! Ich hatte vom ersten Moment an den Eindruck, ein Teil dieser Familie zu sein. Und der Spruch »Tu, was du liebst, und du wirst niemals das Gefühl haben, zu arbeiten«, ließ mich die kommenden Monate wie im Dauerurlaub leben: Ich liebe Kinder und diese beiden waren einfach nur der Traum eines jeden Au-pair-Mädchens: wohlerzogen, ruhig und lustig. Wir hatten unheimlich viel Spaß miteinander, und da Nicole häufig für mehrere Tage beruflich unterwegs war, kamen wir beide uns irgendwie nie in die Quere und verstanden uns prächtig.

Fast genau einen Monat nach meiner Ankunft in Rom wurde ich zum ersten Mal ausgeführt, das römische Nachtleben zu erkunden. Katrin, genau wie ich gebürtig aus Hamburg – sie war es übrigens auch, die Monate zuvor den Zettel am Schwarzen Brett des Institut Français angepinnt hatte –, Valérie und Claudine, zwei andere Au-pairs aus unserer Gegend, kamen pünktlich um neun Uhr in Valéries hellblauem Citroën Dyane vor dem Tor an, und gemeinsam machten wir uns auf den Weg ins »Café Latino« in Roms berühmtem Vergnügungsviertel Testaccio. Wer konnte schon ahnen, dass die Prophezeiung Frau Sommers mir schon gleich an diesem Abend die Liebe meines Lebens und den Papa meiner beiden Töchter bescheren sollte? Schließlich war ich gerade erst in Rom angekommen und heute das erste Mal unterwegs – unmöglich!

»Hi, I'm Stefano«, hörte ich eine Stimme neben mir, nachdem ich kurz vorher einem bildhübschen jungen Mann, Typ Eros Ramazzotti, zugelächelt hatte, der seinen wohlgeformten Körper geschmeidig zur Musik zu bewegen wusste, was mir sofort aufgefallen war. Ich liebe Männer, die gut tanzen! Stefano war, wie er sagte, ein dreiundzwanzigjähriger Student des Ingenieurwesens im vierten Semester und atemberaubend charmant. Sogar sein Englisch war für einen Italiener passabel …

Einige Wochen später – ich war das erste Mal offiziell zum Geburtstagsmittagessen bei seiner Familie eingeladen und mittlerweile bis über beide Ohren verliebt – gestand er mir auf dem Weg nach Hause, dass er gleich die zwanzig Kerzen seines Geburtstagskuchens auspusten würde! Herrjemine!! Sechs Jahre jünger als ich!! Zu spät – Amors Pfeil hatte mich derart getroffen, dass auch dieser gewaltige Altersunterschied kein Problem mehr für mich war. Wenige Minuten nach seinem »Geständnis«

fand ich mich inmitten einer italienischen Großfamilie sitzend wieder. Stefanos Oma, »Nonna Teresa«, hatte mich mit dem Satz: »Da hab ich ein Leben gebraucht, um die Deutschen zu vergessen, und nun sitze ich schon wieder mit einer an einem Tisch!«, begrüßt. Ich verstand natürlich kein Wort und erwiderte mit einem Lächeln: »Sì, grazie!« Das Mittagessen war köstlich und dauerte ewig. Der Lautstärke nach zu urteilen, schien es mir, als wäre ich Zeugin eines Massenstreits geworden. Nur das laute Lachen und die freundlichen Gesichter passten nicht zu dieser Annahme. Am Abend fiel ich hundemüde mit Kopfweh ins Bett.

Die kommenden zwei Jahre waren lehrreich und aufregend. Da gab's zum Frühstück Crêpes, Café au Lait, begleitet von conversation en français, öffentliche Verkehrsmittel ohne Fahrplan, um neun Uhr »lezioni d'italiano« in der Dante Alighieri im Zentrum Roms, nachmittags Spaß und Spiel in deutscher Sprache mit »meinen« Kindern und abends, mich mit Händen, Füßen und in Schulenglisch verständigend, immer wieder ein neues italienisches Wort wissend, durch Roms Straßen schlendern, um sich die vielen Sehenswürdigkeiten von Stefano erklären zu lassen. Zwei Jahre – vier Sprachen! Ein bunter Mischmasch, und so hörten sich teilweise auch die Sätze an, die ich in der Zeit von mir gab.

Alles war neu für mich und ich, die kühle, schüchterne Norddeutsche, musste mich unter anderem erst daran gewöhnen, dass es in Bella Italia völlig normal ist, in der

Schlange zu stehen und dabei »due chiacchiere« (Small-talk) mit wildfremden Menschen zu führen; dass Spaghetti ohne Löffel gegessen und ungebrochen gekocht werden; dass italienische Polizisten auf Motorrädern gern auch mal nur auf dem Hinterreifen über die Via del Corso heizen; dass ein Italiener niemals »Pastasciutta« begleitet von einem Cappuccino essen würde; dass die Damentoilette immer in Begleitung einer Freundin aufgesucht wird, für den Fall, dass die Tür sich nicht schließen lässt; dass »Vitamin B« für gute Beziehungen im Arbeitsleben von Vorteil ist ...

Nach zwei traumhaften Jahren, die mir wie ein Dauerurlaub erschienen, hieß es schweren Herzens Abschiednehmen von meiner lieb gewonnenen französischen Familie. Alain wurde wieder nach Frankreich versetzt, und für mich war klar, dass ich in Rom bei Stefano bleiben würde.

Obwohl ich mittlerweile schon recht gut Italienisch konnte, behielten Stefano und ich die Angewohnheit bei, in englische Sprache zu kommunizieren, bis zu unserer ersten gemeinsamen Reise nach Hamburg. Irgendwie traute ich mich nicht und, sprichwörtlich von einem Tag auf den anderen, im Nachtzug von Rom nach München, stellte sich mein Sprachzentrum im Gehirn automatisch auf den Modus »Italienisch«. Stefanos verblüffter Gesichtsausdruck, als ich auf einmal auf Italienisch losplapperte, war köstlich.

»You can say you to me« war die Begrüßung meines Vaters, als er Stefano zum ersten Mal traf. Für ihn, Baujahr 1922 und grauhaarig, seitdem ich mich erinnern kann, eine Geste außerordentlicher Gastfreundschaft.

Dank meiner neuerworbenen Sprachkenntnisse, der Tatsache, dass ich in Deutschland in einer Arztpraxis gearbeitet hatte, und einer enormen Portion »Vitamin B« stellte ich mich einige Monate vor Abreise beim Sohn des Kinderarztes von Stefano vor, der als Zahnarzt in Rom eine renommierte Praxis führte und die bildhübsche »Miss Italia«, Botschafter und Berühmtheiten aus dem Fernsehen zu seinen Patienten zählte. Nach sechs Monaten Probezeit unterschrieb ich endlich meinen ersten unbefristeten Arbeitsvertrag, was in Italien eine Seltenheit ist!

Während meiner Probezeit lebte ich als Mitbewohnerin bei Stefanos »Nonna Teresa«, die allmorgendlich mit Caffè Latte und Anekdoten aus ihrem aufregenden Leben auf mich wartete. Mit Arbeitsvertrag und Aufenthaltsgenehmigung in der Tasche zogen Stefano und ich in unser erstes Miniappartement zur Miete im Norden Roms. In 45 nett eingerichteten Quadratmetern teilten wir »Turteltäubchen« uns Wohn- und Schlafzimmer, Bad, Kochnische und Balkon. Was waren wir happy!!

Fünf Jahre nach meiner Ankunft in meiner neuen Heimat kam meine Mami endlich das erste und leider auch letzte Mal zu Besuch, bevor sie einige Monate später unerwartet verstarb. Sie war ganz angetan vom Bidet im Bad, was in italienischen Bädern zur Grundausstattung zählt, und vom Parkettboden – für sie lauter Luxusartikel – und sie fragte ganz besorgt: »Mensch, Mäuschen, was bezahlst du denn hier an Miete?«

Nun ja, die kommenden Monate und Jahre zogen so an mir vorbei, nach dem Motto »Das Leben ist ein großer langer Strom«. Ich ließ mich mittreiben; ging meiner Arbeit nach, perfektionierte meine Sprachkenntnisse, wechselte so manche Wohnung, machte Reisen, musste mich von lieben Menschen für immer trennen, viele neue kamen hinzu und bereicherten mein Leben.

Stefano und ich wollten das neue Jahrhundert gebührend begrüßen und entschieden uns, eine Eigentumswohnung unser Eigen zu nennen. Somit unterschrieben wir im Januar 2000 den Kaufvertrag für eine 60 Quadratmeter große Wohnung mit kleinem Garten, die wir nach Monaten der Renovierung im Frühjahr desselben Jahres bezogen.

Sommer 2000: Wunderschöner Urlaub und Wiedersehen mit meiner Au-pair-Familie auf Korsika. Ich trug unter meinem Herzen ein klitzekleines Etwas, das sein Kommen mit wechselnden Attacken von Brechreiz und Heißhunger angekündigt hatte.

Was macht eine schwangere Frau nach einer langen Rückreise im Auto? Pipì! Während ich also total erlöst literweise Flüssigkeit von mir ließ und mich in unserem schönen, gerade erst renovierten Bad umsah, schweifte mein Blick auf die neuen weißen Kacheln, und mit Schrecken stellte ich fest, dass einige gesprungen waren und lange Risse aufwiesen. Ich stieß einen Schrei aus und von nun an schliefen wir »drei« auf einer Matratze im Wohnzimmer. Mit diesem Schrei begann ein langer, nicht enden wollender Rechtsstreit, der nach sechzehn Jahren zwar zu unseren Gunsten gewonnen wurde, aber … lassen wir's lieber! Der Spruch »Gleiches Recht für alle« zählt leider nicht überall.

Während dieser Jahre nahmen wir einen neuen Kredit auf, renovierten unsere unter Einsturzgefahr stehende Wohnung von Neuem nach allen Regeln der Baukunst und verkauften sie nach Beendigung der Arbeiten wieder, um unsere Töchter in frischer Landluft aufwachsen zu lassen.

Die Idee, aus Rom wegzuziehen und nur noch Teilzeit zu arbeiten, obwohl ich seit dreizehn Jahren einen Vollzeitvertrag hatte, gefiel meinem Chef leider überhaupt gar nicht und so kündigte er mir kurzerhand. Vom Geld der Abfindung kauften wir uns unter anderem eine traumhaft schöne Küche. Meine neuerworbene Spülmaschine bekam den Namen meines Ex-Chefs, arbeitete nun für mich und spülte fortan unser schmutziges Geschirr.

Einer der vielen Bräuche besagt, dass Paare, die gemeinsam aus der Nase (öffentliche Trinkbrunnen in Rom) des Trevi-Brunnens trinken, bald heiraten werden. Das hatten Stefano und ich schon vor Jahren einmal gemacht und mal ganz abgesehen von den vielen Brautsträußen, die ich über die Jahre – dank meinen 177 Zentimetern Körpergröße – schon erhascht hatte, und der Tatsache, dass Stefanos Nonna mir zu Weihnachten einen falschen Ehering, mit der Begründung »Eine schwangere Frau und zukünftige Mutter kann nicht ohne Ehering daherlaufen«, schenkte, hielt Stefano endlich am Dreikönigstag 2001 zur Freude aller um meine sehr geschwollene Hand an. Innerhalb eines Monats machten meine Schwiegereltern das schier Unmögliche möglich und organisierten ein rauschendes Hochzeitsfest, inklusive des Nähens meines Hochzeitskleides, das, meinen Ausmaßen nach zu urteilen, eher einem Zelt glich.

3 … 2 … 1 … Feuer, Feuer, Bäng! Dritter Februar zweitausendundeins: Ich wurde Gattin eines Römers, und der Anblick meines dicken Bauches trieb selbst der Standesbeamtin Tränen der Rührung in die Augen. Elf Tage später, am 14. Februar 2001, kam unser wohl allerschönstes Geschenk zum Valentinstag: Elisa, mehr als acht Pfund rosiger Babyspeck verteilt auf sechsundfünfzig Zentimeter. Strahlendblaue Kulleraugen und dieselbe Haarpracht wie ihr Papa, schier und glatt.

Mein Göttergatte wurde weltbester »Mammo« und nahm seine neue Rolle an, als hätte er im Leben nie etwas anderes getan. Diese italienische Version Mrs. Doubtfires badete, wickelte und betreute das kleine Etwas, behielt starke Nerven selbst während der stressigen Dreimonatskoliken und schaffte es sogar in ruhigen Momenten, die ein oder andere Klausur fürs Studium zu schreiben. In bestimmten Momenten, wenn er im weißen T-Shirt durch die Wohnung wirbelte, musste ich einfach summen: »Meister Proper putzt so sauber, dass man sich drin spiegeln kann.« Ich saß unterdessen schon nach einem Monat wieder mit Mundschutz bewaffnet neben meinem Chef.

Zweieinhalb Jahre später, am fünften August zweitausenddunddrei, bei vielen noch in schweißiger Erinnerung als der »Jahrhundertsommer«, neun Tage vor meinem siebenunddreißigsten Geburtstag, machte ich mir mein wohl schönstes Geburtstagsgeschenk und wurde stolze Mamma von Elèna. Nun war die Familie komplett und wir Eltern überglücklich. Unsere Töchter wurden bis zu unserem Umzug aufs Land zu meinen Schwiegereltern zweisprachig erzogen und ihre ersten Worte waren deutsch. Es erschien mir irgendwie unhöflich, vor ihren Großeltern mit meinen Töchtern deutsch zu sprechen, und so begann ich, mich in italienischer Sprache an sie zu wenden. Leider wurden aus den beabsichtigten sechs Monaten des Zusammenlebens drei Jahre, und als wir vier endlich wieder alleine lebten, wollten Elisa und Elèna natürlich nicht mehr in ihrer Muttersprache mit mir kommunizieren. Ich war inzwischen zur Vollzeit-Mama geworden und von Tag zu Tag fiel mir die Decke immer mehr auf den Kopf.

Am Ende der ersten Mittelschulklasse hatte Elisa, unsere ältere Tochter, auf einmal massive Schulprobleme und ich wurde in die Schule gebeten. Wie vor Gericht fand ich mich vor fünf Lehrern wieder, die mir am Ende rieten, mit Elisa eine Psychologin aufzusuchen. Das war wie ein Schlag ins Gesicht! Ich, die ein Leben lang Kinder begleitet hatte, ihr Potenzial zu finden, fühlte mich hundeelend und das Gefühl, mit meiner eigenen Tochter versagt zu haben, erdrückte mich fast.

Im späteren Gespräch mit der Schulpsychologin wurde mir eine Therapie angeboten und die Therapeutin sagte mir, dass es sich hierbei um ein weitverbreitetes Phänomen handelte und es meiner Tochter in neun bis zwölf Monaten besser gehen würde. Es war September und Elisas Versetzung war gefährdet, da blieben keine neun bis zwölf Monate Zeit! Elisa brauchte sofort Werkzeuge an die Hand, die in kürzester Zeit ihren Selbstwert steigern würden, sie in die Eigen-Motivation brächten und helfen würden, ihre Lernblockaden zu überwinden.

Ich machte mich im Internet schlau, schließlich hatte ich schon von sensationellen Erfolgen des Coachings in Business und Sport gehört. Es ließ sich aber zu diesem Zeitpunkt in ganz Italien nicht ein Experte für Kinder- und Jugendcoaching finden. Während meiner Suche stieß ich auf ein Institut in Deutschland, welches diese Art von Kursen anbot. Voller Hoffnung griff ich zum Telefon und sprach mit dem Institutsleiter, der mir riet, selbst die Techniken zu erlernen und diese dann bei

Elisa anzuwenden. Sie verstand zwar deutsch, konnte aber nicht antworten, was ein durchweg deutsches Coaching unmöglich machte. Ohne langes Zögern schrieb ich mich zum nächstmöglichen Kursbeginn in meiner Heimatstadt ein, buchte die Flüge und absolvierte den ersten Block.

Elisas Arbeitshaltung im Unterricht verbesserte sich schlagartig. Sie war wie ausgewechselt und mit jedem von mir absolvierten Block und dem Erlernen neuer Techniken steigerte sich ihr Selbstwert und ihre Schulleistungen verbesserten sich in allen Fächern, in einigen sogar um zwei oder drei Noten. In nur fünf Monaten Coaching hatte sie alle Techniken erlernt. Am Ende der dritten Mittelschulklasse bestand Elisa das Staatsexamen der Mittelschule mit der Note acht/zehn. Während des Coachings fanden wir zwei auch den Auslöser ihrer Lernblockade: In der dritten Grundschulklasse wurde Elisa Zeugin einer unangebrachten Aggression der damaligen Vertretungslehrerin gegenüber einer ihrer Klassenkameradinnen. Elisa entwickelte daraufhin eine panische Angst neuen Lehrkräften gegenüber. Das erste Mittelschuljahr, in dem ihr das gesamte Lehrerkollegium unbekannt war, war somit für sie ein wahrer Leidensweg geworden.

Wie auch viele andere Kinder, die ich seither begleiten durfte, hat auch Elèna von den Techniken des Coachings profitiert und ihr Staatsexamen drei Jahre nach ihrer großen Schwester sogar mit der Höchstnote 10/10 mit

Auszeichnung bestanden. Coaching und Counseling können und dürfen die notwendige Therapie eines Arztes, Psychologen, Psychotherapeuten oder Homöopathen aus ethisch-professionellen Gründen nicht ersetzen und dienen der Begleitung beim »Herauskristallisieren« bestehender Qualitäten und Erreichen persönlicher Ziele gesunder Menschen.

Abgesehen von den schulischen Leistungen ist es immer wieder schön, mit anzusehen, wie aus schüchternen, unsicheren Kindern in kurzer Zeit selbstsichere Jugendliche werden, die optimistisch in ihre Zukunft blicken und mit neuem Tatendrang ihre neu gesteckten Ziele verfolgen. Auch Stefano hat sich beruflich umorientiert und zum zertifizierten Business- und Life-Coach ausbilden lassen.

Das persönliche Wachstum ist zu unserer Lebensmission geworden und so haben wir in den letzten fünf Jahren viel Geld und Zeit investiert, um Kurse und Seminare zu besuchen, hunderte von Büchern zu lesen, um als eigenständige Personen, als Paar sowie als Familie zu wachsen und unser neuerworbenes Wissen mit anderen Menschen teilen zu dürfen. Gemeinsam haben wir dazu beitragen dürfen, eine Art Coaching-Projekt auf die Beine zu stellen, das die Schule in den Mittelpunkt des sozialen Geschehens rückt und die Teilnehmer unterstützt, sich ihrer eigenen Einzigartigkeit und Stärken bewusst zu werden.

So bietet heute der von uns vor zwei Jahren gegründete, eingetragene Verein Gruppen-Coachings für Schulklassen, Weiterbildungen für Eltern und Lehrer in öffentlichen Schulen und Business-Coaching in kleinen, mittelständischen und multinationalen Betrieben an. Am Ende der von uns geleiteten Kurse kreiert jeder Teilnehmer zwei Blätter aus Ton, in die er seinen Namen und zwei persönliche Geschicklichkeiten eingraviert: in das erste Blatt eine der vielen, die er schon sehr stark in sich spürt, und in das zweite Blatt graviert er eine Geschicklichkeit, die er wünscht, noch zu erweitern, um der Mensch zu werden, der er gerne sein würde.

Diese »Foglie d'Abilità – Blätter der Geschicklichkeiten« werden in Gemeinschaftsarbeit mit befreundeten Keramikern zu den sogenannten »Alberi delle Identità – Bäumen der Identitäten« in Bahnhöfen, Schulen, öffentlichen Plätzen und Parks mithilfe der Mosaik-Technik zusammengestellt. Orte, die bisher nur Durchgangsstationen ohne jegliche Bedeutung für den Benutzer waren, werden zu Orten der aktiven Teilnahme aller Beteiligten. Das Phänomen des Vandalismus ist seither drastisch zurückgegangen und viele unserer neuen »Freunde« schrieben uns, dass sie heute »ihre« Bahnstation, Schule oder ihren Platz als ihr Zuhause ansehen und diesen Orten andere Achtung schenken. Das alles macht Stefano und mich natürlich mächtig stolz. Wer weiß, vielleicht verwandeln sich das Kreieren der persönlichen Blätter und das Hinterlassen eines positiven Zeichens ja auch irgendwann in einen Brauch für Touristen, genauso wie das Werfen einer Münze in den Trevi-Brunnen, um die Wiederkehr in die Ewige Stadt zu sichern ...

Natürlich war dieser zweite Abschnitt meines Lebens nicht immer nur »Friede, Freude, Eierkuchen« und ich habe in den vergangenen sechsundzwanzig Jahren so manche Krise überstehen müssen ... das Leben ist schließlich kein Kindergeburtstag.

Mittlerweile leben wir vier seit zehn Jahren samt Schwiegermutter und zwei Hunden in Capena, einer kleinen Künstlerstadt, zwanzig Kilometer nördlich von Rom. Unweit entfernt der Bahnstationen, die mir aufgefallen waren, als ich zum ersten Mal vor fast sechsundzwanzig Jahren an ihnen vorbeifuhr, und die heute von den vielen bunten Bäumen geschmückt werden und in neuen Farben leuchten ...

»Man entdeckt keine neuen Erdteile, ohne den Mut zu haben, alte Küsten aus den Augen zu verlieren.« (André Gide, französischer Schriftsteller, 1869–1951)

Gesine Antje Danielsen
gesinedanielsen@gmail.com
+39 32 80 35 99 22#happycoachingandcounselingroma
#ristazionartidihappycoachingandcounselingroma

Dolce Vita – bittersüß (Italien)

Ursprünglich wollte ich überhaupt nicht auswandern. Ich hatte als junge Frau von vierundzwanzig Jahren in Hamburg eine Stelle als Chefsekretärin in einem internationalen Unternehmen und wurde damals auf eine Geschäftsreise nach Italien mitgenommen. Mein Chef wollte ein paar Probleme in einer seiner Niederlassungen in Triest klären. Der immerhin dreimonatige Aufenthalt dort, mein aufdringlicher Arbeitgeber und die Stadt Triest, die mir damals langweilig und voller alter Menschen vorkam, waren leider nicht so prickelnd, aber ich hatte auf einmal den dringenden Wunsch, irgendwann einmal ein ganzes Jahr in Italien zu leben und zu arbeiten. Woher genau dieser Wunsch kam, kann ich gar nicht sagen, vor allem, nachdem ich in Triest im Grunde nur Heimweh nach Hamburg hatte. Vielleicht waren es damals schon die Mentalität, die italienische Sprache und so eine Art Trotz, dass ich beim nächsten Mal selber entscheiden wollte, wann, wohin und wie.

Hätte ich vor zehn Jahren schon gewusst, wie sich mein Leben später durch das eine geplante Auslandsjahr entwickeln würde, hätte ich es mir vielleicht anders überlegt. So habe ich einfach nur seit meinem fünfundzwanzigsten Lebensjahr den Traum gehabt, irgendwann einmal eine begrenzte und überschaubare Zeit in meinem Lieblingsurlaubsland zu verbringen. Ich wollte gern in

Italien leben, mit Italienern arbeiten und – weil ich von Natur aus eher bequem bin – praktisch nebenbei und ohne lästiges Vokabelnlernen und Grammatikregeln meine Italienischkenntnisse verbessern. Eben ganz einfach in das wahre und authentische Italien eintauchen. Da passte es hervorragend, dass mein damaliger Mann und Vater meiner Tochter auch Italienfan war und meinen Traum zunächst mitgeträumt hat.

Doch es sollte noch mehr als zwanzig Jahre dauern, bis aus meinem Jugendtraum Wirklichkeit wurde. Jedes Jahr verbrachten mein Mann, meine Tochter und ich einen mehr oder weniger kurzen Urlaub in verschiedenen Teilen Italiens. Während bei meinem Mann in dieser Zeit die Zweifel an dem kleinen Abenteuer Kurzzeitauswanderung immer größer wurden, wuchs bei mir die Sehnsucht. Die Sehnsucht wonach eigentlich? Im Nachhinein würde ich sagen, dass ich mich nirgendwo so richtig zu Hause und angekommen gefühlt habe. Ich bin in meinem Leben dreizehn Mal umgezogen, habe in Deutschland in verschiedenen Orten – kleinen Dörfern und großen Städten – gewohnt. Nach einiger Zeit hat es mich aber immer weitergezogen. So als wäre jede Umgebung immer nur ein Übergang zu etwas anderem. Habe ich vielleicht geglaubt, dass ich mich in Italien selber finden könnte? Als ich zum ersten Mal mit einer Freundin in Rom war, hatte ich auf jeden Fall sehr intensiv das Gefühl, dass ich dort schon einmal gelebt haben muss, weil mir alles so vertraut vorkam.

Trotzdem war am Ende nicht Rom die Stadt unserer Wahl, sondern ein kleines Dorf in der Toskana südlich von Florenz. Das hatten wir nicht etwa einer Eingebung zu verdanken, sondern einem Seher, den ich eigentlich mit ganz anderen Fragen aufgesucht hatte. Ich hatte ihn am Ende der Sitzung nur noch nebenbei gefragt, ob es eine gute Idee für unsere Familie wäre, ein Jahr in Italien zu verbringen. Auf seine direkte Frage: »Wo denn da genau?«, kam mir ganz intuitiv Florenz in den Sinn. Also eigentlich doch eine spontane Eingebung. Er war mit dieser Stadt einverstanden und sah dort eine positive Zeit für uns. Ich war sofort angefixt, wie man heute so schön sagt, und habe mich schlaugemacht, ob auch die wichtigste Bedingung für uns erfüllt wäre: Melina, meine Tochter, ging damals in Hamburg in die dritte Klasse einer Waldorfschule und daher sollte es in Italien ebenfalls diese Schulform sein. Danach sollte sie auf ihre alte Schule in Hamburg zurückkehren. So war der Plan. Die passende Schule befand sich damals in diesem kleinen Dorf südlich von Florenz und am Telefon sagte man uns, dass wir herzlich willkommen wären und sehr oft ausländische Schüler für eine mehr oder weniger kurze Zeit die Schule besuchen würden.

Wir sind es dann alles sehr entspannt angegangen und haben erst einmal – zwei Jahre vor dem geplanten Sabbatjahr – eine Woche Urlaub in der Gegend gemacht, uns die Schule angesehen und die Lehrer persönlich kennengelernt. Melina durfte sogar ein paar Stunden Probeunterricht in der kleinen Klasse mitmachen. Was für ein Kontrast: In Hamburg waren es achtunddreißig Schüler und in La Romola nur acht! Die Klassenlehrerin war nicht nur sehr nett und hilfsbereit, sondern sprach auch noch deutsch. Es passte also alles, und knapp zwei Jahre später hatten wir durch die Vermittlung einer Lehrerin eine möblierte Wohnung auf Zeit mitten im Dorf gefunden. Das Abenteuer konnte also losgehen!

Wir haben unser Haus ausgemistet, die meisten Habseligkeiten eingelagert und nur das Nötigste und für ein Jahr Wichtigste – wie zum Beispiel meine Nähmaschine und mein Computer – durften mit. Um den Platz im Möbellager in Hamburg möglichst klein zu halten und auch weil es immer so schön heißt, dass Loslassen so befreiend ist, haben wir uns von vielen, teilweise lieb gewonnenen Dingen getrennt, die sich über die Jahre angesammelt hatten. Das tolle, befreiende Gefühl hat sich allerdings leider nie eingestellt, aber wir hatten ja eine spannende Zeit vor uns. Noch heute, nach fast zehn Jahren, fallen mir manche Dinge ein, von denen ich mich damals getrennt habe und die ich jetzt doch ganz gern noch hätte. Aus der ganzen Sache habe ich immerhin gelernt, dass ich es mir sehr gut überlege, was ich wirklich brauche, bevor ich es kaufe. Stimmt schon: Besitz belastet.

Mit zwei bis oben hin voll bepackten Autos ging am 31. August 2009 bei ungewöhnlich schönem und heißem Sommerwetter in Hamburg die Reise los. Als wir endlich in La Romola ankamen, waren wir erstmal nur erschöpft von der langen und anstrengenden Fahrt (immerhin 1600 Kilometer) und glücklich, dass bis dahin alles gut geklappt hatte. Unsere Vermieter waren zwar sehr nett, hatten aber, wie wir erst später erfuhren, die Miete für uns als Deutsche extra ein bisschen erhöht. Das hieß, wir hatten jeden Monat 900 Euro für eine billig und geschmacklos möblierte Zweieinhalbzimmerwohnung zu zahlen (natürlich in bar).

Die italienischen Sommerferien gingen noch bis zum 15. September und so hatten wir Zeit, ein bisschen die Gegend zu erkunden und uns auf unser neues Leben einzustimmen. Als Erstes mussten wir uns einen *codice fiscale* – eine Art Steuernummer – besorgen, die man hier praktisch für jede geschäftliche Tätigkeit benötigt, ob es ein Mietvertrag oder nur der Kauf einer Prepaid-Handykarte ist. Italiener bekommen diese Nummer bei ihrer Geburt und behalten sie ihr ganzes Leben lang. Sie setzt sich aus dem Nachnamen und ein paar geheimnisvollen Zahlen zusammen. Ich hatte bei meiner Heirat den Nachnamen von Melinas Vater angenommen und so stand natürlich in meinem Personalausweis Meike Licht, geborene Ricklefs. Leider war es dem Sachbearbeiter in der Behörde in Florenz nicht verständlich zu machen, dass mein Geburtsname einfach nicht mehr existiert. Nach einigem Hin und Her und als auch seine Chefin keinen Rat wusste, habe ich mich darauf eingelassen, einen Doppelnamen anzunehmen. So schließe ich jetzt sämtliche Verträge unter meinem Mädchennamen ab, damit der *codice fiscale* zu meiner Unterschrift passt.

Unsere erste, überteuerte Wohnung konnte im Winter nur zentral von den im selben Haus wohnenden Vermietern geheizt werden und natürlich nur, wenn sie es für nötig hielten. Ich habe noch nie in meinem Leben so sehr gefroren wie in den italienischen Wintern. Das lag nicht nur an allzu sparsamen Vermietern, sondern auch an den zwar schönen, historischen, aber nicht isolierten, schwer heizbaren Häusern mit Fenstern aus Einfachglas, in denen ich wohnte und auch jetzt noch wohne. In einem besonders kalten Winter hatten wir filigrane Eisblumen an den Fenstern, beim Reden Atemwölkchen vorm Mund und wir haben mit Wollstrumpfhose, Jogginghose, Rollkragenpulli, Wärmflaschen und unter doppelten Daunendecken geschlafen. Unsere schicke Notlösung war dann, die dicken Polster unserer Gartenmöbel vor die Fenster und vor die gläserne Haustür zu montieren. Das half. Für die Einheimischen, die auch in unisolierten, alten Häusern wohnen, ist diese Kälte ganz normal und sie wundern sich immer, dass ich als Frau aus dem hohen Norden die Kälte nicht gewohnt bin. Ich kann dann immer nur sagen, dass vielleicht die Außentemperaturen in Hamburg niedriger sind, dafür aber die Wohnungen im Allgemeinen viel besser isoliert und heizbar sind.

Am Anfang fühlte sich für uns alles noch nach einem langen Urlaub an und ich war von allem begeistert und entzückt. Für meinen Mann war es wohl nicht so aufregend wie für mich. Seine Italienischkenntnisse waren noch nicht so besonders und er brauchte erst noch einige Zeit, bis er sich wohlfühlen konnte. Dachte ich. Melina hatte spätestens ab Schulbeginn genug um die Ohren und neben ihren italienischen Klassenkameraden auch eine deutsch-italienische Freundin gefunden. In Hamburg hatte ich für sie einen Italienischkurs für Kinder organisiert, zu dem sie aber nur zweimal hingegangen ist. Ihr Spruch war nur: »Ich bin noch so jung und lern die Sprache ruckzuck im Land.« So ähnlich war es dann auch: In der ersten Zeit hat sie nicht ein einziges italienisches Wort gesprochen, ist aber immerhin gern zur Schule gegangen. Ihre Klassenlehrerin konnte mich schnell beruhigen: »Manche Kinder sind so. Sie wollen einfach keine Fehler machen und nehmen erst einmal alles nur auf wie ein Schwamm.« Nach drei Monaten dann bei einem Pizzaessen mit unserer einheimischen Nachbarin war es Melina, die praktisch die ganze Zeit am Reden war. Meine Verwunderung wurde nur mit »Was willst du, Mami? Wir sind in Italien, da rede ich eben italienisch!« kommentiert. Inzwischen beherrscht sie fließend Italienisch in Wort und Schrift und spricht mit einem leichten Florentiner Akzent. Ich glaube, wir haben gerade noch das Zeitfenster erwischt, sie zweisprachig aufwachsen zu lassen, was immer mein Traum war. Wir kennen hier einige deutsche Frauen mit italienischen Männern, deren Kinder hier zur Welt kamen, die leider nur ziemlich gebrochen deutsch sprechen. Die Eltern hatten es sich sicher auch anders vorgestellt und sich Mühe gegeben, ihren Kindern beide Sprachen sozusagen als Mutter- und Vatersprache beizubringen. Das hat aber anscheinend nicht immer geklappt.

Mit meinen Italienischkenntnissen ging es leider nicht so schnell voran, wie ich gehofft hatte. Das lag sicher auch daran, dass zu Hause nur deutsch gesprochen wurde. Also musste doch noch ein passender Kurs her und ich entschied mich für einen, wie ich dachte, fundierten Dreimonatskurs an der Universität Florenz. Hier wurde ich nach einem Test in einen für mich viel zu fortgeschrittenen Kurs gesteckt (wahrscheinlich fehlten ihnen noch ein paar Teilnehmer). Dort habe ich vor allem gelernt, dass man beim Fremdsprachenunterricht in Italien ganz besonders großen Wert auf Grammatikregeln legt und nicht so sehr auf das Sprechen. Dafür war ich aber vor Ort und nutzte im Alltagsleben jede Gelegenheit zum Italienischsprechen, was ja auch sowieso mein Plan war.

In der ersten Zeit muss ich wohl wirklich eine rosarote Brille getragen haben: Ich war praktisch von allem begeistert und habe viele meiner Klischees bestätigt gefunden. Bei jedem Heimaturlaub schienen mir die Menschen in Deutschland nur gehetzt und schlecht gelaunt, während mir das tägliche Leben in Italien so leicht und lässig und die Italiener im Allgemeinen herzlich und viel entspannter vorkamen. Scheinbar jede Frau und jeder Mann in meinem neuen Umfeld waren immer zu einem kleinen Scherz bereit, die Männer ließen keine Gelegenheit zum Flirten aus und machten ohne Scheu mehr oder weniger originelle Komplimente. In einigen kleinen Geschäften in den umliegenden Dörfern wurde ich schon beim zweiten Besuch wie eine alte Freundin begrüßt und alle schienen gute Laune zu haben. Und dabei geht es der italienischen Bevölkerung wirtschaftlich überhaupt nicht gut. Wer einen Job hat, wird gnadenlos ausgenutzt und muss sich mit einem im Vergleich zu Deutschland sehr geringen Gehalt zufriedengeben. Das heißt aber nicht etwa, dass das Leben im Allgemeinen in Italien billiger ist. Ich habe mich am Anfang oft gefragt, wie die Italiener so leben können, und eine Freundin hat mir die Antwort gegeben: »Wir arrangieren uns irgendwie und wohnen oft unter ziemlich beengten Bedingungen noch bei den Eltern und oft auch zusammen mit den Groß- eltern, denen das Haus gehört.« Das führt natürlich zu einer engen Familienbindung und deutsche Eltern wer- den als herzlos angesehen, wenn sie ihre »Kinder« nach der Schulausbildung nicht mehr bei sich wohnen lassen. Dass diese deutschen Kinder ganz gern selber möglichst schnell ihre eigenen vier Wände haben möchten und nicht bis zu ihrer Heirat und oft auch danach noch bei ihren Eltern wohnen wollen, können manche Italiener sich einfach nicht vorstellen. Den Italienern ist es aber unheimlich wichtig, *bella figura* zu machen, nach außen den Anschein zu erwecken, dass bei ihnen alles gut ist. Man wohnt lieber in einer engen, kleinen Wohnung und gibt das für die Miete gesparte Geld für das neu- este Handy, einen modernen Fernseher, Markenkleidung und -accessoires, ein teures Fitnesscenter und ein neues Auto aus (auch wenn das geleast werden muss).

Inzwischen habe ich die rosarote Brille abgesetzt und ei- niges hat sich für mich mit den Jahren relativiert. Wenn ich mal wieder in Hamburg oder Bremen auf Heimaturlaub bin, bin ich immer öfter positiv überrascht von den Norddeutschen und deren (neuer?) Lockerheit. Doch ein paar Sachen vermisse ich immer wieder, die hier einfach nicht möglich sind. Das Radfahren zum Beispiel ist auf den steilen und engen Straßen eher was für mutige und sehr sportliche Biker: Im platten Norddeutschland habe ich gern möglichst viel per Rad erledigt, während ich hier praktisch für jede Fahrt mein Auto nehmen muss. Ich würde in der kälteren Jahreszeit zu gern – nackt – in die Sauna gehen. Das ist hier leider nicht möglich, weil Italiener das nur in Badekleidung tun!

Das Autofahren ist auch so eine Sache hier. Ich fand es am Anfang sehr angenehm, dass so viele kleine und alte Autos unterwegs sind und ich mit meinem sechzehn Jahre alten Opel Corsa gut dazu passte. Die Straßen in der Toskana sind den alten Häusern angepasst, die teilweise schon Jahrhunderte stehen, und viele Straßen sind nur so breit, dass zwei kleine Fahrzeuge sich gerade noch gut begegnen können. Wenn ein Bus entgegenkommt, muss der Autofahrer rückwärts wieder rausfahren. Das Besondere ist, dass es nur zwei Arten von Autofahrern zu geben scheint: die älteren Menschen, die typischerweise mit ihrem alten Fiat Panda und sehr gemächlich unterwegs sind, und die jungen Fahrer, die es immer ganz eilig haben und den langsameren in den Auspuff kriechen und dazu noch gern in Kurven oder kurz vor Hügelkuppen schnell noch waghalsig überholen. Mittlerweile sieht man auch hier viele SUVs, die für ihre Fahrer offensichtlich nicht leicht zu bedienen sind. Dann gibt es noch die sportlichen Radfahrer, die vor allem in Gruppen die Straßen bevölkern und gern neben- statt hintereinander fahren. Trotzdem macht es mir unglaublich Spaß, in den hügeligen Serpentinen der Toskana – gesäumt von Olivenhainen und Weinreben – rumzukurven, und ich bin immer wieder entzückt von den atemberaubenden Panoramablicken über die Hügel. Nicht zu vergessen die unglaublichen Sonnenauf- und -untergänge, die man hier oft bewundern kann. Anscheinend ist einigen Einheimischen das Ganze zu kitschig und so finden sich leider überall am Straßenrand Müllhaufen. Man wirft einfach die gefüllte Mülltüte während der Fahrt aus dem Fenster. Was ich auch überhaupt nicht verstehe, ist der Umgang mit Plastik. Ich bin schon auf einigen privaten Feiern gewesen, bei denen von Plastiktellern mit Plastikbesteck gegessen und oft auch der Wein aus Plastikbechern getrunken wurde. Bei einer Feier waren wir nur acht Gäste und ich habe die Gastgeberin gefragt, ob sie das macht, weil sie keine Spülmaschine hat. Sie hat nur fragend geguckt und fand es einfach normal. Einmal war ich ganz begeistert von einer Frau in der Kassenschlange vor mir, die eine Stofftasche zückte und auf die immer automatisch angebotene Plastiktüte verzichtet hat. Da hat sie sich grinsend zu mir umgedreht und gesagt: »Ich bin ja auch eine deutsche Touristin!«

Die ersten Wochen vergingen wie im Flug und viel zu schnell und nach fünf Monaten stellte sich uns die Frage, ob wir den einjährigen Aufenthalt verlängern wollten.

Melinas Vater war finanziell unabhängig und Melinas Schule endete nach den *medie* – der Mittelschule – mit der achten Klasse. So beschlossen wir, noch drei weitere Jahre in Italien zu bleiben. Melinas Vater war von der Idee nicht ganz so begeistert wie Melina und ich und so haben wir gesagt, wir überlassen dem Schicksal die Entscheidung. Wir suchten nämlich unsere Traumwohnung, die es der Wahrscheinlichkeit nach eigentlich nicht geben konnte: eine unmöblierte Dreizimmerwohnung in einem historischen Haus in gutem Zustand, mit Badewanne, unabhängiger Heizung, Garten, nicht zu einsam gelegen und zu einem vernünftigen Preis. Das auch noch am liebsten in La Romola, damit Melina weiterhin zu Fuß zur Schule gehen könnte. Und das, wo normalerweise nur voll möbliert vermietet wird! Wir hängten überall in den umliegenden Dörfern in Cafés, Tante-Emma-Läden und bei Friseuren bunte, selbstgemalte Zettel mit unseren eigentlich unrealistischen Wunschvorstellungen aus. Wir hatten großes Glück und fanden ziemlich schnell eine sehr schöne, passende Wohnung in »unserem« Dorf zu einem fairen Preis. Der sehr sympathische Vermieter hatte zwar zuerst völlig andere Preisvorstellungen (1200 Euro), entschied sich aber am Ende doch für uns und ging auf unseren Vorschlag bzw. unser Limit (800 Euro) ein. Er meinte italienisch charmant: »Ach Meike, es hat mir gereicht, dir in die Augen zu sehen, und ich habe sofort gewusst, dass ihr als Deutsche anders als meine Landsleute vertrauenswürdig seid und pünktlich die Miete zahlt.« Außerdem passte ein Dreijahresvertrag gut in seine eigenen Pläne, weil er ungefähr zu dem Zeitpunkt selber dort einziehen wollte. Der Vertrag wurde unterschrieben, wir lösten das Lagerdepot in Hamburg auf und ließen unsere Habe nach Italien kommen.

Mein Mann hatte den Verlängerungsplan nur halbherzig unterstützt, was ich anscheinend irgendwie nicht so richtig wahrnehmen wollte. In Deutschland hatten wir viele gemeinsame Interessen und haben viel zusammen unternommen und ich hatte mir blauäugig vorgestellt, dass es in Italien genauso weitergehen würde. Das war leider nicht so. Ich bin regelrecht aufgeblüht, während ihm immer mehr klar wurde, dass dieses Land für ihn nie zur neuen Heimat werden, sondern immer Urlaubsland bleiben würde. Sein Italienisch war immer noch sehr rudimentär und er verbrachte seine Tage mit Golfspielen und kleinen Ausflügen in die nähere Umgebung, während ich möglichst viel Kontakt zu Einheimischen suchte und mich in Melinas Schule engagierte.

Wenige Wochen nach unserem Umzug hatte Melinas Vater beim Golfspielen einen leichten Schlaganfall, von dem er sich zwar gut erholte, aber seine Persönlichkeit hatte sich verändert. Er war oft schlecht gelaunt und nörgelte an allem Möglichen rum, langweilte sich, weigerte sich aber, Aufgaben im Haushalt, im Garten oder an der Schule zu übernehmen oder sich zumindest um Kontakte zu anderen deutschsprachigen Auswanderern zu bemühen. Eines Tages konfrontierte er Melina und mich mit seiner Entscheidung, allein nach Deutschland zurückzukehren. Wir könnten ja noch bis zum Ende des Schuljahrs bleiben und dann nachkommen. Oder ich könnte bis dahin einen Job finden, der Melina und mich ernähren würde. Ich fühlte mich vor den Kopf gestoßen und unter Druck gesetzt, fand es auch unfair, dass er diese Entscheidung so allein für sich getroffen hatte. Wäre ich damals aufmerksamer oder er eher deutlicher gewesen, wäre bei einer sofortigen Rückkehr nach Deutschland unsere Ehe vielleicht nicht zerbrochen. Aber wie kann man das wissen? Wir sind inzwischen geschieden, er hat seine erste Frau wieder geheiratet und scheint mit seinem Leben zufrieden zu sein.

Allein mit Melina wurde es natürlich noch dringender, eine gut bezahlte Tätigkeit zu finden, weil wir unbedingt in Italien bleiben wollten. Ich fand schnell heraus, dass man auf dem italienischen Arbeitsmarkt nicht auf mich gewartet hat, und war bereit, praktisch jede Arbeit anzunehmen, und probierte einiges aus, was aber letztendlich alles aus unterschiedlichen Gründen scheiterte. Mal war die Bezahlung einfach lächerlich gering oder die Vorstellungen waren völlig unterschiedlich oder eine jüngere Mitbewerberin erhielt den Zuschlag. Ich versuchte mich als Gesellschafterin einer dementen, hundertvierjährigen, ausgewanderten Deutschen und als Deutschlehrerin an einer neugegründeten Sprachenschule (wobei ich vorher aber ohne Bezahlung das gesamte Lehrbuch hätte übersetzen sollen). Ich bin mit einer Werbetafel um den Hals vor einem der berühmten Museen in Florenz rumgelaufen, um Besucher zum Kauf eines Sonderti-

ckets zu animieren, und war in der Küche einer Luxus-
ferienanlage verantwortlich für das Frühstücksbüfett.
Sogar bei einem berühmten Modedesigner hatte ich ein
Vorstellungsgespräch für eine Stelle als Privatsekretä-
rin. Das große Grundstück des Waldorfkindergartens,
das mit Außenduschen, Toilette, Grillbereich und einer
Außenküche ausgestattet war, wurde in den dreimo-
natigen Sommerferien zum Zelten angeboten und ich
durfte mich um die Organisation und Betreuung der
deutschen Camper kümmern. Es kamen einige Familien und einmal auch eine zwölfte Klasse der Dresdner
Waldorfschule mit fast vierzig Personen. Diese Aufgabe
hat mir sehr viel Spaß gemacht, war aber leider nur eh-
renamtlich.

Einen ganz schönen Job hätte ich haben können als Ver-
mittlerin einer gerade sehr aufwendig renovierten Ferien-
wohnung im Nachbardorf. Die Eigentümerin hatte mich
gebeten, ihre Wohnung für sie zu bewerben und mich
dann auch um die Gäste zu kümmern. Auf mein Inserat
im Internet kam schnell die Anfrage einer Familie, die
gleich für vier Wochen mieten wollte. Bei der Ankunft
an einem Freitagabend war auch der Hauseigentümer
dabei, um die Pässe zu kopieren und die Anzahlung ent-
gegenzunehmen. Merkwürdig war da schon, dass sie sich
rausredeten, ihre Bank wäre geschlossen gewesen und sie
würden alles am Montag bezahlen. Sie waren in einem
sehr alten Auto mit Sack und Pack und dem *nonno* –
dem Großvater – angereist und sahen eigentlich nicht
wirklich so aus, als ob sie sich einen vierwöchigen Urlaub

in einer relativ teuren Ferienunterkunft leisten könnten. Der Hausbesitzer, der genauso unerfahren und naiv war wie ich, hat dieser Familie dann noch geholfen, die Koffer in die Wohnung zu tragen, und sich erstmal nichts weiter dabei gedacht. Am Montag gab es dann wieder Probleme mit der Bank und abends rief mich eine völlig aufgelöste Vermieterin an. »Meike, wir haben einen Riesenfehler gemacht! Die kriegen wir nicht mehr raus und die werden nichts zahlen. Das sind Mietnomaden. In Italien kann man als Vermieter nicht so einfach Mieter vor die Tür setzen, die nicht zahlen können. Erst recht nicht, wenn kleine Kinder oder ein alter oder behinderter Mensch zu der Familie gehören. Ich war bei der Polizei und die haben mir geraten, einen Trick anzuwenden, um sie loszuwerden. Sonst muss ich sogar auch noch die Nebenkosten bezahlen!« Oh Mann! Sie hat die Mieter angerufen und ihnen eine größere Wohnung, zwei Straßen entfernt, angeboten, weil sie als Großfamilie dort mehr Platz hätten. Sie müssten sich nur schnell entscheiden und gleich mit all ihren Sachen am nächsten Tag dort erscheinen. Diese zweite Wohnung existierte allerdings gar nicht, aber zum Glück sind die Leute auf den Trick reingefallen. Sie haben ihr Zeug wieder ins Auto gepackt und sind zum vereinbarten Treffpunkt gefahren, wo allerdings niemand auf sie wartete. In den wenigen Tagen war es ihnen schon gelungen, in der schön renovierten Wohnung im Badezimmer Fliesen anzuschlagen und den Teppich im Wohnzimmer total zu verdrecken. Die Hauseigentümer waren natürlich sehr froh und erleichtert, sie los zu sein, und haben dann doch lieber einen festen Vertrag für vier Jahre mit einem solventen Mieter abgeschlossen. Und damit war für mich leider auch diese Arbeit gestorben.

Als ich schon so weit war, so gut wie jeden Job anzunehmen, lief ich eines Tages im Nachbardorf zufällig Hans, einem sympathischen Schweizer aus Zürich, über den Weg. Wir kannten uns schon seit Jahren vom Sehen, weil er auch jeden Tag seinen Sohn an der Schule abholte. Ein Schweizer mit dunklen Wuschellocken, der vom Aussehen gut auch als Italiener durchgehen könnte, wenn er nicht fast 1,90 m wäre. Hans war eigentlich genau der Typ Mann, bei dem ich immer schon weiche Knie bekommen habe. Damals war ich aber mit anderen Gedanken beschäftigt und auch überhaupt nicht offen für einen neuen Mann in meinem Leben. Ich war schließlich nur auf der Suche nach einer vernünftigen Arbeit.

Wir kamen ins Gespräch über das Arbeitsleben in Italien, und wie das Schicksal es wollte, suchte seine Lebensgefährtin gerade eine neue Putzfrau für ihr großes Bed and Breakfast. Gleichzeitig wurde mir von Melinas Schule ebenfalls ein bezahlter Putzjob im Kindergarten angeboten. Ich wohnte damals ganz in der Nähe des Kindergartens, konnte mir meine Arbeitszeit einteilen – auf den Nachmittag oder den Abend legen – und es machte mir richtig Spaß, mit Musik von meinem MP3-Player im Ohr die Räume für die Kinder zu putzen, die am darauffolgenden Tag das alte Natursteinhaus und den Garten wieder lebendig werden lassen würden. Damals

dachte ich oft, dass ich gern einmal in so einem besonderen, schönen, alten Haus wohnen würde. Es sollte gar
nicht lange dauern, bis genau dieser Wunsch Wirklichkeit wurde …

Mehrere Leute hatten mich davor gewarnt, für Hans'
Lebensgefährtin zu arbeiten, weil sie irgendwie ein selt-
samer Mensch wäre und auch nicht gerade nett mit ihren
Angestellten umspringen würde. Das war mir aber egal
und ich konnte ihr herrisches Benehmen lächelnd an mir
abprallen lassen, weil mir die Arbeit einfach so viel Spaß
gemacht hat. Manche ihrer Anweisungen waren auch
wirklich nur lächerlich. Sie wollte zum Beispiel, dass ich
die Fußböden wie anno dazumal mit dem Besen fege,
statt mit dem Staubsauger zu saugen, und sie wollte mir
auch befehlen, keinen roten Nagellack zu tragen. »Das
gehört sich nicht!« Ich habe nur milde dazu gelächelt. So
eine Allround-Putzfrau wie mich hätte sie sicher nicht so
leicht nochmal gefunden, ich wurde nämlich ziemlich
schnell mit allen möglichen Arbeiten beauftragt (natürlich nicht zu einem üppigen Stundenlohn), die an so
einem alten Haus anfallen und für die sie normalerweise
Handwerker benötigt hätte. So habe ich diverse Wände
neu verputzt und gestrichen, Gardinen und Kissen ge-
näht und auch voller Begeisterung den Feriengästen
meine Geheimtipps für die beste Pizza oder Ähnliches
gegeben. Dabei entstand mein neuer Traum und ich
stellte mir vor, einen eigenen Gästebetrieb, ein kleines
B&B, zu haben. Wenn Freundinnen mich bedauern
wollten, habe ich immer nur gesagt: »Ich fühle mich wie

Aschenputtel, nur eins, das vorher sechsundvierzig Jahre wie eine Prinzessin gelebt hat. Irgendwann werden ganz sicher auch wieder bessere Zeiten für mich kommen.« Was soll ich sagen? Es hat mir ganz gutgetan, eine Zeitlang mal mit sehr wenig Geld auskommen zu müssen, und ich bin sehr dankbar für dieses lehrreiche Jahr.

Hans hatte mich gleich an meinem ersten Arbeitstag zur Seite genommen und wollte ganz genau wissen, wie eigentlich meine Beziehungssituation zu verstehen wäre. Dabei erzählte er mir auch, dass er selber im Grunde seit Jahren nur noch in einer unfriedlichen Nutzgemeinschaft leben würde und am liebsten in die Schweiz zurückkehren würde. Dabei müsste er aber die Toskana und auch seinen Sohn hinter sich lassen, was er nicht über sich bringen könnte. Mit der Zeit haben wir uns immer öfter unsere Probleme erzählt und nach Lösungen gesucht, aber auch viel zu lachen gehabt. So entstand eine schöne und tiefe Freundschaft, die uns beiden sehr guttat.

Ein halbes Jahr später, im Oktober, haben wir unsere nah beieinanderliegenden Geburtstage mit einer großen Party gefeiert und nachher sagten mehrere meiner Freundinnen, dass Hans und ich ein tolles Paar abgeben würden und man mehr als deutlich das gewisse Prickeln zwischen uns spüren könnte. Das wollte ich aber überhaupt nicht wahrhaben und auch meinen Job und meinen brüderlichen Freund Hans nicht verlieren. Unsere Gespräche und scherzhaften Anspielungen wurden dann

aber immer intimer und wir machten sogar einen Yoga-
kurs zusammen. Ein paar Monate später wurde es doch
mehr als Freundschaft, ich habe meinen Job bei Hans'
Lebensgefährtin gekündigt und er stand ihr noch für
die laufende Hauptsaison als Hausmeister und Gärtner
zur Verfügung.

Am Ende des Sommers ist Hans zu Melina und mir in
unsere kleine Wohnung gezogen, was für alle drei eine
große Herausforderung war, hatte Hans doch praktisch
ein Schloss gegen eine Hütte getauscht und Melina war
damals mit ihren vierzehn Jahren mitten in der Pubertät.
Wir haben wochenlang nach einem passenden, größeren Haus für uns drei gesucht, was gar nicht so leicht
war, zumal wir uns inzwischen so richtig in das histo-
rische Natursteinhaus verliebt hatten, in dem noch der
Kindergarten untergebracht war. Da ich durch meinen
Putzjob dort den Schlüssel hatte, konnten wir immer
mal wieder rübergehen und uns vorstellen, wie es wäre,
dort zu leben, welche Wand wir einreißen und wie wir
die Zimmer aufteilen würden. Kein Wunder, dass jedes
angebotene Objekt beim Vergleich mit unserem Traumhaus automatisch verlor. Melina hatte in dieser Zeit bereits die achte Klasse an der Schule in La Romola beendet
und war für ein Schuljahr nach England gegangen. Zu
unserem Glück sind genau in dieser Zeit Waldorfschule
und -kindergarten nach Florenz gezogen und zur großen
Freude des Eigentümers hatte er mit uns gleich neue
Mieter für sein altes Landhaus.

Der Vermieter hatte leider ganz schnell spitzgekriegt, dass wir schon bis über beide Ohren in das Haus mit dem großen Garten verliebt waren, und so ließ er sich nicht wirklich auf unsere Mietpreisverhandlungen ein. Er bezahlte immerhin eine neue Küche, ließ auf seine Kosten die uralten Badezimmer und die marode Heizungsanlage sanieren und auch eine Wand entfernen, die uns sehr störte, und wir bekamen freie Hand, alles Weitere so zu gestalten, wie wir wollten. Damals hatte er auch halb zugesagt, irgendwann mal die Fenster erneuern zu lassen, worauf wir nun schon den sechsten Winter warten. Gut, dass wir unseren eigenen Ofen mitgebracht haben, sonst müssten wir wohl wieder den Trick mit den Gartenpolstern vor den Fenstern anwenden.

Inzwischen wohnen wir hier seit mehr als fünf Jahren, nachdem wir selber noch viel renoviert und im Garten angepflanzt haben und auch immer wieder neue Ideen für Veränderungen aufkommen. Melina lebt nach ihrem Schuljahr in England wieder bei uns und besucht nun ein Gymnasium in Florenz mit Schwerpunkt künstlerisches Gestalten/Architektur. Im Sommer wird sie Abitur machen und dann Italien wieder verlassen, weil sie hier überhaupt keine berufliche Perspektive sieht. Mein Traum eines eigenen Gästebetriebs konnte hier ebenfalls in Erfüllung gehen: Innerhalb des Hauses gibt es eine kleine Turmwohnung, die wir den Sommer über vermieten. Bis jetzt hatten wir fast immer supernette Gäste; einige sind sogar zu Freunden geworden. Und zweimal hat auch der Waldorf-Lehrer aus Dresden mit seiner jeweiligen zwölften Klasse bei uns im Garten gezeltet. Über die Jahre habe ich immer mehr vom Rasen im Garten zum Gemüsegarten und zu Blumenbeeten umgestaltet. Hier in der Toskana habe ich ganz andere Herausforderungen als in Norddeutschland. Der Boden ist hart und voller Steine, die Sommer sind sehr trocken und heiß und es gibt neben unseren drei Katzen Mikesch, Matisse und Lilli auch einige interessante Tiere, an die wir uns erst gewöhnen mussten: Wildschweine und Rehe, die zum Glück durch den Zaun abgehalten werden, Füchse, Eidechsen, Prozessionsraupen, Ringelnattern, Landschildkröten, Skorpione und Hornissen. Neulich habe ich eine neue Art entdeckt, die sich in meinen kostbaren Kompost gegraben hat und im Rasen längliche, tiefe Grabspuren hinterlassen hat. Ich vermute, ein Stachelschwein. Mit all diesen Lebewesen kann ich mich so weit anfreunden, aber letzte Woche hat mir eine Freundin erzählt, dass wir hier im Chiantigebiet neuerdings eine Wolfsplage haben! Es sollen mehr als 2000 Tiere sein und sie hatte auch gleich ein »Beweisfoto« auf ihrem Handy, auf dem drei junge Wölfe tagsüber ganz in der Nähe ihres Gartens spielen. Wölfe waren mir schon immer sehr suspekt und ich möchte auf gar keinen Fall einem begegnen, weder tagsüber in meinem Garten noch nachts!

So schön es auch hier in der Toskana ist und so sehr mir die Arbeit als Gastmutti Spaß macht und ich es genieße, meinen Hobbys Garten, Nähen, Lesen, Yoga, Pilates etc. nachzugehen, frage ich mich doch manchmal, ob ich diesen Weg noch einmal gehen würde. Hätte nicht ein

Auslandsjahr gereicht, wie es der ursprüngliche Plan und mein Traum war? Wäre meine Ehe dann auch auf der Strecke geblieben? Hätte Melina dann heute ein besseres Verhältnis zu ihrem Vater? Auf jeden Fall bin ich gespannt, wohin mich mein Weg noch führt. In letzter Zeit denke ich wieder oft an das Gedicht »Stufen« von Hermann Hesse ... Sieht so aus, als würde es mich nach zehn Jahren *dolce vita* in *bella italia* wieder weiterziehen. Melina wird ganz sicher in wenigen Monaten ausziehen und überlegt aktuell, nach Hamburg oder nach London zu gehen. Vielleicht sollten wir beide mal wieder zu einem Seher gehen ...

Meike Licht

Mein Weg nach Hause
(Niederlande, USA, Indien)

Womit fing alles an? Nun, du könntest sagen, mit Liebe. Das klingt zu klischeehaft? Vielleicht. Aber ist es nicht so? Meine Mutter sagte immer, ich war »geplant«. Am Geburtstag meines Vaters. Eigentlich wunderschön. Und so wirklich gewollt und geliebt zu werden, von Anfang an, das will doch eigentlich jeder, oder?

Nun, oft kommt es dann doch ganz anders. Irgendwer, der meiner Mutter ein falsches Medikament in der Schwangerschaft gegeben hat, so dass fast zwei Monate zu früh die Wehen einsetzten, und der dann ein nächstes Medikament verabreichte, um das wieder anzuhalten, als der Fehler erkannt wurde, und der dann wieder ein Medikament gab, weil alles nun doch schon zu weit im Prozess fortgeschritten war ... dieser Jemand hat erfolgreich dafür gesorgt, oder zumindest entscheidend dazu beigetragen, dass aus mir eine Kämpfernatur geworden ist. Seitdem. Immer schon. Aber trotzdem. Am Anfang, da war die Liebe.

Diesen Kampf habe ich auch später immer wieder aufgenommen. Ich glaube, sonst hätte mein Leben ganz anders ausgesehen. Wer weiß ... Als ich ein Jahr bevor ich mein Abitur mit Tanz gemacht habe – das gibt es tatsächlich, ein normales Gymnasium mit intensiver Tanzausbildung, ganz spannend und sehr zu empfehlen – also, als ich ein Jahr vor meinem Tanz-Abi einen Unfall und dann eine OP hatte, und als ich von den Ärzten zu hören bekam, dass ich wahrscheinlich nie mehr professionell tanzen würde, da hat mich das wenig beeindruckt. Was tust du, wenn dir die Welt um dich herum ein »Nein« gibt? Genau, du suchst dir einfach einen anderen Teil der Welt, wo zumindest ein »Vielleicht« oder sogar ein »Ja« möglich ist. Und es war möglich. Damals habe ich dann zum ersten Mal einen Energieheiler kennengelernt. Ich fand das sehr faszinierend. So sehr, dass ich mich dieser Arbeit heute ganz widme und sie mit anderen teile und damit unterstütze. Aber gehen wir erst einmal wieder zurück. Damals, so spannend ich diese Energiearbeit auch fand, war mir eigentlich nur eines wichtig. Und das war Tanz. Was auch immer dazu nötig war. Egal, ob und wie dieser Körper wiederherzustellen war. Und er war. Der Heiler hatte ganze Arbeit geleistet. Ein Jahr später stand ich in der Abiturabschlussprüfung im Fach Tanz. Ein bisschen mehr als ein Jahr später fing ich an, Tanz in Amsterdam zu studieren.

Amsterdam
Die Niederlande sind wunderschön, irgendwie leichter, freier als Deutschland. Die Menschen sind sehr offen. Amsterdam ist zum Verlieben. Ein Traum.

Als ich in Amsterdam ankam, war mein Englisch miserabel und mein Niederländisch nicht existent. Eine Freundin hat mit mir in Amsterdam studiert. Ansonsten kannte ich dort niemanden und alles war neu.

So eine Tanzausbildung ist intensiv. Wir haben oft

frühmorgens mit dem Training angefangen und spätabends mit den Proben aufgehört. Das kannst du nur machen, wenn du es wirklich liebst. Ich glaube, so beschäftigt zu sein, hat mir ungemein geholfen in der Stadt anzukommen. Du kennst zwar die Stadt nicht oder die Menschen, aber das Tanzen kennst du, das ist vertraut. Und im Nu hast du dann auf einmal ganz viele neue Freunde, die alle auch das gleiche Interesse haben ... Tanz. Es war eine tolle Zeit.

Ich erinnere mich an das Arbeiten im Ballettsaal, an die Vorstellungen, aber auch an Partys und Treffen mit Freunden. Ich erinnere mich daran, dass ich erstmal angefangen habe Englisch besser zu sprechen und dann sogar auch Niederländisch. Dazu muss ich sagen, dass es nicht wirklich einfach ist, Niederländisch zu lernen, wenn die Amsterdamer, aus zuvorkommender Geste, entweder Deutsch oder Englisch mit dir reden, sobald du dich daran versuchst, in der niederländischen Sprache zu kommunizieren. Und dazu muss ich auch sagen, dass ich wahrscheinlich am Anfang ein sehr »deutsches« Niederländisch gesprochen habe. Ich bin tief beeindruckt gewesen von der Sprachfertigkeit der Niederländer. Schon in jüngsten Jahren lernen sie Englisch. Und viele sprechen auch Deutsch. Und sie sind Meister im Fietsen, im Fahrradfahren. In Amsterdam fährt jeder mit dem Rad. Ich erinnere mich, wie ich damals jemanden gesehen habe, der per Rad mit einer Matratze durch die Gegend gefahren ist. Ich habe gelernt auf einem Rad zu zweit zu fahren (was bei uns in Deutschland immer zu gefährlich war, zumindest im Straßenverkehr), ich habe gelernt in

engstem Gewühl zu fahren, große Gegenstände zu trans-
portieren (wobei ich da lange nicht an die Amsterdamer
herankomme), ich bin bei Regen gefahren, bei Schnee
und bei Sturm. Ich erinnere mich daran, dass ich irgendwann gelernt habe, wie man dort Fahrräder, Fietse,
kauft. Wenn du gewusst hast, wo, konntest du ein güns-
tiges, »gebrauchtes« Fahrrad für damals noch 20 Gulden
kaufen. Und das macht Sinn, wenn du überlegst, wie oft
dein Fahrrad dann auch wieder »abhanden« gekommen
ist. Ich liebe die kleinen Grachten, die Kanäle, und die
hübschen Häuser in Amsterdam. Die Stadt ist gemütlich
und trotzdem lebhaft. Wenn ich zurückdenke, denke ich
an Fietsen, Koninginnedag, die Farbe Oranje, Vla ...
Alles an dieser Stadt war schön. Ich kann diese Stadt gar
nicht mit Essen, meiner Heimatstadt, vergleichen. Da ist
so viel mehr Flair, so viel mehr Charme. Da ist so viel,
worüber ich schreiben könnte.

Ein großer Teil meines Lebens in Amsterdam war sicherlich auch die ständige Wohnungssuche. Es war nie
einfach, dort etwas zu finden. Umso erfreuter bin ich
gewesen, als ich nach gut ein bis anderthalb Jahren eine
typische Amsterdamer Wohnung für mich und einen
guten Freund organisiert hatte.

Der Wohnungswahnsinn

*Ich sitze in Amsterdam in einer Wohnung, die eigentlich
verboten sein sollte. Man kann fast bis zum Nachbarn
runterschauen, durch den ein wenig baufälligen Boden
im Flur. Keine Teppiche, Bauschutt in der Küche, keine
Heizung, dafür ein Gasherd in der Küche. Alle Gasflam-*

men angemacht, gibt es ein bisschen Wärme im Winter. Außerdem haben wir herausgefunden, dass es wunderbar funktioniert, einen Toast an der Flamme zu rösten. Letzte Nacht bin ich aufgewacht und wollte zur Toilette gehen. Auf Augenhöhe hat mich eine Kakerlake angelächelt, die auf das Regal vor dem Bett geklettert war (können Kakerlaken klettern?). Beim Aufstehen habe ich mir dann größte Mühe gegeben, nicht auf ihre Familie zu steigen oder über eine Maus zu stolpern.

Aber das Haus ist so wunderschön. Ein typisches Amsterdamer Haus. Hohe Wände, die doppelte Glastür zwischen den Zimmern, und vor allem: Wir haben in eine Waschmaschine mit integriertem Trockner investiert! Ganz wunderbar! Wenn zwei Tänzer täglich jeweils mindestens ein bis drei volle Monturen durchschwitzen, ist eine Waschmaschine im Haus einfach das Beste, was passieren kann. Und nebenbei erwähnt ist es auch in sehr vielen Amsterdamer Wohnungen dafür viel zu eng.

Also, was will man mehr.

Als mein Vater mich hier mit meinem Gepäck abgesetzt hatte, wurde er sehr still. Ich glaube, seine Tochter in einer Art Baustelle abzusetzen, widerstrebte ihm sehr.

Aber es ist wunderbar. Ein Traum. Wenn ich mir überlege, wie oft ich in den ersten eineinhalb Jahren umgezogen bin, immer wieder mit Sack und Pack woanders hingegangen bin, dann ist diese »Baustelle« ein Geschenk.

Ich erinnere mich noch an meinen damaligen Mitbewohner und guten Freund. Kennst du holländischen Vla? Ja? Flüssiger Pudding, der in großen Milchtüten verkauft wird. Sehr lecker! Ich kann noch genau vor mir sehen, wie mein Mitbewohner darin geschwelgt hat. Und ich erinnere mich an die gemütlichen Essen in unserer Wohnung, das typisch winzige Badezimmer, den fast schon romantischen Horror, in dieser Baustelle zu wohnen. Ach ja, und an den wunderschönen schwarzen Teppich, den mein Mitstreiter sich extra für die Wohnung gekauft hatte. Es sah richtig edel aus. Wobei in dieser Wohnung wohl vieles edel aussah, was nur annähernd ein wenig Stil hatte. Ich lebte mich dort ein. Ich fühlte mich dort wohl. Ich fühlte mich in dieser Baustelle wohl. Erstaunlich. Bis zu dem Tag, als der Zettel auftauchte.

»Zwangsräumung«, das steht auf dem Zettel, der unten an der Eingangstür unseres Hauses hängt. Was steht da? Mein baustellenreifes Amsterdamer Traumhaus wird zwangsgeräumt? Moment. Da wohne ich doch drin. Miete vorausbezahlt. Da sind alle meine Sachen drin. Ganz ruhig bleiben. Erstmal nachdenken. Panik. Und jetzt? Ruhig bleiben. Tief durchatmen. Ich lese mir den Zettel noch ein paar Mal durch. Nein, da steht immer noch das Gleiche. Vielleicht sollte ich meinen Mitbewohner anrufen, um ihm die frohe Botschaft zu übermitteln … Genau. Leider hatte er sich entschlossen schon in die Ferien zu fahren, zwar nur nach Deutschland, das heißt nicht allzu weit weg, aber es ist auch nicht gerade um die Ecke. »Was?« Kommt seine entsetzte Reaktion. O. k. Ruhig bleiben. Er entschließt sich dann kurzerhand wieder hierher zurückzufahren, um selbst einen Überblick zu bekommen.

Bist du schon mal nach Hause gekommen, und unten

an deiner Wohnungstür hängt ein Zettel, dass dein Haus innerhalb der nächsten Woche zwangsgeräumt wird und alle deine Sachen zwangsversteigert werden? Die ersten Gedanken sind: »Das kann eigentlich nicht sein.«

Erstaunlicherweise gelingt es mir innerhalb von ein paar Tagen, eine neue Wohnungsmöglichkeit aufzutun, und in einer Nacht-und-Nebel-Aktion ziehen wir schließlich um. Zugegeben, die neue Wohngelegenheit ist sicherlich keine gemütliche, typische Amsterdamer Traumwohnung, aber immerhin ein Dach überm Kopf. Die Waschmaschine? Nein. Die kommt nicht mit. Kein Platz. Seufz. Man könnte jetzt sagen: »Aber es ist doch nur eine Waschmaschine, ein materielles Ding.« Aber es ist ein ganz spezielles materielles Ding. Es ist ein notwendiger Luxus hier, während des Tanzstudiums, ein Luxus, an den ich mich so sehr gewöhnt hatte. Es tut mir in der Seele weh. Aber es hilft nichts ...

Amsterdam ist eine wunderschöne Stadt, aber die Wohnungslage ist ganz speziell. Zumindest damals. Das ist jetzt schon über zwanzig Jahre her. Trotzdem, es ist ein Traum, in einer Stadt wie Amsterdam zu wohnen und dort professionell zu tanzen. Solche Kleinigkeiten wie Wohnungssuche sind da doch eher Nebensächlichkeiten gewesen. Außerdem war ich sowieso den ganzen Tag mit Tanzen beschäftigt. In meinen letzten Jahren in Amsterdam hatte ich übrigens eine wunderschöne Wohnung gefunden. Das Tanzen florierte, auch bei Engagements außerhalb der Akademie.

Und dann ging langsam auch das letzte Jahr zur Neige. Vier Jahre in Amsterdam. Es war eine schöne Zeit. Und dann? Was weiter? Weitermachen? Weitermachen! Weitertanzen. Aber wo? Mit wem? In Amsterdam gab es viele Möglichkeiten. Aber irgendwie war es auch ein wenig wie ein Dorf. Nach einer Weile hattest du das Gefühl alles oder zumindest vieles von der Stadt und von der Tanzszene gesehen zu haben. Ich mochte es dort, also warum nicht noch ein wenig länger bleiben, aber irgendwie hatte ich keinen Plan. Kommt Zeit, kommt Rat, dachte ich. Und in Form eines schönen Weines, eines guten Freundes und einer Abschlussparty kam eben dieser Rat.

Wir haben gerade unsere Vorstellungen abgeschlossen. Toll war's. Heute Abend wird gefeiert. Irgendwann sitze ich mit einem guten Freund an einem Tischchen und genieße ein Gläschen Wein. Er fragt mich interessiert: »Was machst du denn nächstes Jahr?« Vielleicht war es auch mehr als ein Gläschen. »Hm ... ich weiß noch nicht, und du?«, kommt meine Gegenfrage. »Ich gehe nach New York.« Er ist sehr froh über diese Entscheidung. Es war definitiv mehr als ein Glas. »Warum kommst du nicht mit?« Glücklich, dass er so sehr überzeugt von seiner Wahl ist, sage ich vom Wein bestärkt, beschwingt, erfreut, ganz spontan und nebenbei: »Ja, warum nicht.« Er freut sich. Ich freue mich. Der Wein ist wirklich sehr gut. Es wird sehr spät an diesem Abend, glaube ich ...

Am nächsten Morgen denke ich mit Entzücken an die schöne Vorstellung zurück. Und an die Party. Nette Leute. Bald wirst du die nicht mehr jeden Tag sehen, sage ich mir. Da war doch noch was ... der Wein war sehr gut ... noch was anderes ... die gute Gesellschaft. Was für ein netter Kerl ... hm ... Jetzt fällt es mir wieder ein.

NEW YORK.

Echt? War das nicht nur eine Schnapsidee? Ich liebe es, wenn das Universum uns Antworten und Bestätigungen auf ganz subtile Weise gibt. Ein paar Wochen später komme ich in Kontakt mit einem amerikanischen Choreographen aus New York. Er produziert diesen Sommer eine Tanzproduktion in Deutschland. Und um es kurz zu fassen, er sucht noch Tänzer, ich stelle mich vor, und ... yes! Ich werde dabei sein! Wow! Und nebenbei engagiert er mich auch direkt anschließend im Herbst für ein Stück in New York. Zufall? Ich weiß es nicht ... Es ist ein tolles Stück in Deutschland. Der Spielraum ist in einer alten Zeche in Essen. Wir bewegen uns in den alten Steinrutschen, Metallgerüsten und auf Schotter. Da ist es ein Genuss, sich beim Tanzen so richtig einzusauen. Ein schönes Abschiednehmen von Deutschland, und sogar von meiner Heimatstadt Essen.

New York. Was ein nettes, gemütliches Plaudern war, wird Wirklichkeit

Ich komme in New York an. Warst du schon mal da?

Ich werde hier mit einer anderen Tänzerin, deren Mitbewohnerin ich schon in Amsterdam kennengelernt habe, in Astoria, Queens, zusammenwohnen. Das Taxi fährt mich direkt vom JFK Airport dorthin. Wenn dir New York ein Begriff ist, dann weißt du, dass eine Taxifahrt von JFK nach Astoria außerhalb von Manhattan bleibt. Du vermeidest also den Kulturschock erstmal noch ein wenig. Ich schaue mir während der Fahrt gespannt die Umgebung an und denke mir, wie aufregend es doch ist. Das Gefühl hier ist anders als in Deutschland, anders als in den Niederlanden. Stellenweise fahren wir an ziemlich vernachlässigten Häusern vorbei. Da sieht es irgendwie dreckig aus, heruntergekommen. Aber da ist auch etwas anderes. Eine Leichtigkeit, die schwer zu beschreiben ist. Ein Gefühl der Freiheit. In manchen Gegenden möchte ich nachts nicht alleine stranden. Geschichten von New York und wie gefährlich es doch hier ist, kommen mir in den Sinn ... Aber dann ist da auch so eine wahnsinnige Freude, jetzt hier zu sein, etwas Neues zu sehen. Neue Menschen. Neue Kulturen. Und da ist es wieder. Das Gefühl der Leichtigkeit ...

Wir kommen an. Astoria, Queens. Das Haus ist ein typisch amerikanisches Haus in den Suburbs, den Wohngebieten außerhalb des Stadtkerns. Meine Mitbewohnerin ist nett. Mein Zimmer ist gemütlich. Hier fühl ich mich sicher. Ich glaube, hier werde ich mich wohlfühlen. Aber nicht lange verschnaufen. Eine Freundin von mir ist gerade noch für ein paar Tage hier in New York und hat angeboten mir die Stadt ein wenig zu zeigen. Sie hat mir nahegelegt, dass wir uns Downtown, im südlichen Teil Manhattans, treffen. Sie hat mir gesagt, zu welcher Subway Station, zu welcher Zugstation, ich kommen soll, und mir auch ausführlich erklärt, wie ich dort mit der Subway, dem Zug, hinkomme. Und es hat sich alles ganz einfach und machbar angehört. Also, nun muss ich nur noch irgendwie die Subway finden. New York hat, wie ich finde, ein ganz organisiertes und logisches Subway-System. Wenn man es kennt. Das heißt nicht, dass es ein gut funktionierendes System ist, aber das ist ein anderes Kapitel ...

Ich kann mich heute nicht mehr erinnern, was für einen Zug ich nehmen sollte. Ob es nun die gelbe Linie, der R Train, der R-Zug, oder die orange Linie, der M Train, war. Zumindest bin ich an der Station Steinway Street eingestiegen und habe einen Zug genommen. Ein guter Anfang, wie ich fand. Die Idee war, sich irgendwo Richtung Downtown zu treffen, da es dort ein wenig ruhiger sein sollte. So zum Einstieg. Wo genau, das weiß ich nicht mehr. Vielleicht war es der Washington Square Park oder das East Village. Wenn du New York kennst, dann weißt du, dass diese Gegenden sehr viel anders aussehen, um einiges gemütlicher, als zum Beispiel Central Park Süd oder die 50er Straßen. Ich bin mir nicht sicher, wo genau ich dann gelandet bin, ob ich im falschen Zug saß oder einfach viel zu früh ausgestiegen bin, aber als ich aus der Subway kam … Wow. Mein Kopf legte sich automatisch in den Nacken. Ich schaute unwillkürlich sofort nach oben. Die Gebäude hier waren hoch. Sehr hoch. Ich wusste nicht, wo ich war, und sah wahrscheinlich unverkennbar wie ein etwas verlorener Tourist aus. Das war ich in der Tat. Aber es war so faszinierend. Die hohen Gebäude, die vielen Menschen, der Verkehr, die vielen verschiedenen Gerüche, die vielen Geräusche, da war immer irgendwo eine Sirene zu hören. Du kannst dich am Anfang vollkommen darin verlieren. Und irgendwann wird es dann zur Hintergrundkulisse. Nachdem ich mich für den Anfang sattgesehen hatte, wandte ich mich weiter in Richtung Süden, eben in Richtung Downtown. Ich war nicht sicher, wie und wo ich meine Freundin hier finden konnte. Das war noch die Zeit, bevor wir Handys hatten. Also fing ich an zu laufen. So eine volle, lebendige und faszinierende Stadt. Beeindruckend. Irgendwann kam ich am Times Square an. Offensichtlich nicht, wo ich hinbestellt worden war. Der Times Square pulsiert ständig von so vielen Menschen, Lichtern und Werbung, da waren verschiedene Geräusche und Gerüche von Menschen, von Verkehr, einem Hot-Dog-Stand … Alles war ständig in Bewegung. Jeder musste irgendwohin …

Das erste Mal in der Stadt, nach einem langen Flug, alleine, das war sicherlich aufregend, aber auch sehr viel. Als ich später meine Freundin dann doch noch traf, hörte sie lachend zu, wo es mich hin verschlagen hatte. Genau in die Gegenden, vor denen sie mich am Anfang bewahren wollte.

New York ist eine ganz spezielle Stadt. Wenn du nur ein paar Tage oder Wochen dort bist, kannst du einen kleinen Eindruck bekommen. Richtig diese Stadt verinnerlichen kannst du erst, nachdem du in ihr gelebt hast. Die Wohnungssuche, die, wie auch in Amsterdam, kein unwesentlicher Teil des Lebens ist, die unbeschreibliche Vielfalt von allen möglichen Menschen und Kulturen, das ständige Leben, diese wirklich niemals schlafende Stadt und, und, und … Da ist so viel, worüber ich erzählen könnte.

Wenn du in die Stadt kommst und ein Ziel hast, etwas, was du dort erreichen möchtest, dann gibt dir diese Stadt Energie. Du kannst unglaublich viel schaffen. Die

Stadt treibt dich weiter. Wenn du das zu lange machst, bleibst du hängen, dann kommst du nicht mehr weg von ihr. Und langsam, ganz langsam, wenn du vielleicht ein wenig älter geworden bist, vielleicht dem Sog und dem Trieb der Stadt jahrelang gefolgt bist, dann fängst du an zu merken, dass du auf einmal sehr müde bist. Die Stadt brennt dich aus. Es ist ein Spiel mit dem Feuer. Sie treibt dich an und saugt dich aus. Irgendwann merkst du, dass du gerne zum Wochenende »mal rauskommen« möchtest, um aufzutanken. Und dann merkst du, dass es ohne das Auftanken nicht mehr geht. Aber immer wieder kommst du zur Stadt zurück. Sie ist wie ein Magnet, der dich hält, dich antreibt.

In New York findest du viele Menschen. Ganz viele besondere Menschen. Menschen aus allen möglichen Kulturen, die alle möglichen Sprachen sprechen, die alle von irgendwo herkommen. Einen »real New Yorker«, einen »wirklichen New Yorker«, zu treffen, einen New Yorker, der dort aufgewachsen ist, ist eher selten. Wobei, eigentlich nennt sich jeder so, der dort ein paar Jahre gewohnt hat. Nach New York kommt man hin mit Zielen, mit Hoffnungen, mit Träumen. Dort habe ich gelernt, dass es nichts ausmacht, wenn man nicht perfekt ist. Erstmal etwas anfangen und dann weitersehen. Das gilt für Träume und Ziele, damals für mich für das Tanzen, aber auch für die englische Sprache. Am Anfang beherrschte ich die Sprache nicht gut. Es ist schon etwas anderes, diese Sprache in Amsterdam zu sprechen, wo jeder sie als zweite Sprache spricht, damit die Kommunikation funktioniert. Aber bald merkte ich, dass das in New York gar nichts ausmachte. Ich stellte fest, dass manche New Yorker die Sprache schlechter sprachen als ich. Alle sind von irgendwo hergekommen. Es ist ein »melting pot«, ein »Schmelzpott«. Es gibt so viele verschiedene Sprachen, viele Dialekte und doch verstehen sich alle irgendwie. Die Menschen in New York sind meistens beschäftigt. Jeder geht wohin, kommt woher, wird gerade vom Handy vereinnahmt oder ist sonst irgendwie tätig. Trotzdem sind die Menschen unglaublich offen und tolerant. Dadurch, dass so viele unterschiedliche Menschen in dieser Stadt aufeinandertreffen, ist man es gewöhnt, dass jeder ein wenig anders ist. Jeder in New York hat seine Geschichte. Es war immer spannend, diese verschiedenen Geschichten zu hören, diese verschiedenen Menschen kennenzulernen.

11. September 2001

Dieser Tag und die darauf folgenden Wochen und Monate waren eine Zeit, die ich wahrscheinlich nicht mehr vergessen werde. Die New Yorker sind enger zusammengerückt, sind sich nähergekommen. Sind noch offener zueinander gewesen. Wir haben uns alle zusammengerauft. Da war so eine enge Verbindung. Menschen, die sich vorher nicht kannten, haben sich gestützt, haben sich getröstet und in den Armen gehalten. Als die Flugzeuge auftrafen, war ich im West Village. Von dort konnten wir die Flugzeuge anfliegen sehen und den Aufprall hören. Wir wussten nicht, was passiert war. Erst kurze Zeit später kamen Nachrichten im Radio, die uns aufgeklärt haben. Wir wussten nicht wirklich, was wir mit uns machen sollten. Handys und auch Festnetztelefone funktionierten nicht mehr. Wir waren froh, beieinander zu sein. Langsam kamen Menschen, von Asche bedeckt, an uns vorbeigelaufen. Menschen, die gerade von dort unten kamen, vom World Trade Center, und es geschafft hatten, bis hierher zu laufen. Viele fragten, ob sie unsere Toilette benutzen könnten, ob wir Wasser hätten, ob unser Telefon funktionierte. Ich erinnere mich, dass ich meine Familie in Deutschland erst Stunden später anrufen konnte, um kurz Bescheid zu geben, dass es mir gut geht.

Keine Züge mehr, keine Busse. Laufen, wenn du nach Hause möchtest. Stundenlang, wenn nötig. Wenn du über eine der Brücken oder Tunnel aus Manhattan, nach Brooklyn, Queens, Staten Island oder New Jersey, nach Hause musst, schaffst du es vielleicht, dort anzukommen, aber vielleicht nicht mehr heute. Menschen, die stundenlang laufen, in der Hoffnung, doch noch heute nach Hause zu kommen. Der Verkehr ist zusammengebrochen. Brücken und Tunnel sind nach kurzer Zeit gesperrt. Wir sind hier auf dieser Insel, gerade hier unterhalb der 30er Straßen, fast wie völlig abgeschnitten …
Menschen helfen anderen Menschen, wo immer sie können. Ich wohne im Moment hier im West Village. Die nächsten Tage werden herzzerbrechend, aber auch herzerwärmend. Immer wieder siehst du jemanden in Tränen auf der Straße oder irgendwie desorientiert. Immer wieder siehst du vollkommen Fremde, die sich kümmern. Von einem

Bekannten erfahre ich, dass seine Frau es nicht geschafft hat. Ich denke darüber nach, was für ein Glück ich gehabt habe. Es war so nah dran. Freunde von mir, Ärzte, helfen dort unten mit, so viele Helden, so viel Verlust. Einige, die eigentlich dort hätten sein sollen und an dem Morgen ganz einfach verschlafen haben ... Nach einer Woche merke ich, dass die Luft hier nicht mehr so leicht erträglich ist. Die enorme Menge von Asche, die in der Luft ist, zieht langsam weiter zu uns hoch. Du merkst, dass sie anfängt in deinen Lungen zu stecken ... Ich ziehe um, zu einer Freundin, zwar nur für eine kurze Zeit, aber lange genug, dass ich wieder gut atmen kann, dass ich mich wieder sicher fühle.

New Yorker sind beeindruckende Menschen. So offen, wie sie auch sind, und so unglaublich mitfühlend und helfend sie sich in solchen Katastrophenmomenten verhalten, so schnell gehen sie auch wieder ihrem Alltag nach, sobald es geht. Diese Menschen machen das Beste aus dem, was da ist. Es ist vielleicht nicht perfekt, aber sie tun zumindest das, was möglich ist. Ich habe einen ganz großen Respekt vor dieser Mentalität. Ich glaube, dass es auch damit zusammenhängt, dass viele, die in New York sind, schon so viel geopfert haben, um überhaupt dort sein zu können. Sie haben gelernt sich anzupassen, sich durchzukämpfen und immer wieder neue Wege zu finden, wenn etwas nicht funktioniert. Immer wieder aufzustehen, wenn sie fallen. Sie sind Einzelkämpfer, aber sie wissen genau, dass sie andere Menschen brauchen und dass auch sie gebraucht werden.

Und dann gibt es da auch eine Kehrseite. Natürlich. Wie oft habe ich zum Beispiel eine Tanzvorstellung gesehen und gedacht: »Oje, oje, das ist ja irgendwie nur halb fertig.« In Deutschland ist dagegen meistens alles so sehr perfekt. Wenn etwas nicht vollkommen fertig ist, dann wird es oft gar nicht erst gezeigt. Die Menschen nehmen sich Zeit in Deutschland, um etwas wirklich fertigzustellen. In New York fehlt diese Zeit oft, leider meistens wegen mangelnder finanzieller Unterstützung. Manchmal denke ich, dass mir in New York die Zeit und diese Ordnung gefehlt haben. Aber auf der anderen Seite habe ich in Deutschland so oft gesehen, dass etwas verworfen und nie zu Ende gemacht wurde, weil es nicht gut genug, nicht fertig genug war. Die Künstler in New York lernten schnell durch Niederlagen, da sie sich nicht scheuten Fehler zu machen. Die Schaffenskraft war immens.

Was ist besser? Ich weiß es nicht. Vielleicht eine Kombination von beidem. Ich habe es geliebt, dort zu wohnen und zu tanzen. Ich habe dort so viel gelernt. Ich habe dort so um die sechzehn Jahre gewohnt, und die Stadt hat mich geformt. Würde ich gerne nochmal dort wohnen? Im Moment? Nein. Die Stadt hat sich verändert. Das Land hat sich verändert. Ich habe mich verändert. Es wurde Zeit zu gehen. Erinnere ich mich gerne an meine Zeit dort zurück? Ja. Auf jeden Fall. Es wird immer ein Teil von mir bleiben.

Als ich aus New York weggegangen bin, wusste ich, dass ich wirklich fertig war mit der Stadt. Das war schon irgendwie wie eine Scheidung. Wie, als wenn ich einen großen Teil von mir zurückgelassen habe. Ursprünglich bin ich zum Tanzen dorthin gekommen. Die Stadt hat mich angetrieben, mir Kraft, Inspiration, Träume gegeben. Irgendwann ging es dann nicht mehr. Mehr und mehr Verletzungen kamen. Ich war »müde« geworden. Mein Körper war müde geworden.

Wenn du in New York ein wenig langsamer vorangehst, wenn du vielleicht sogar eine Pause machst, siehst du, wie alle anderen an dir vorbeieilen. Du spürst die Energie, die dich mitnehmen will. Du fühlst, wie das Dagegenhalten anstrengend ist. Anstatt dir Kraft zu geben, fühlt es sich auf einmal so an, als ob die Stadt dir Kraft nimmt.

Ich habe mir in der zweiten Hälfte meiner New Yorker Zeit mehr Zeit für mich genommen. Anders wäre es auch nicht gegangen. Aber zum Schluss hin habe ich mich wirklich gefragt, warum ich noch dort war. Mit dem Tanzen hatte ich da schon aufgehört. Zu der Zeit vertiefte ich meine Arbeit mit Meditation und Energiearbeit immer mehr. Vielleicht war es ja auch wichtig, das Tanzen fallen zu lassen, damit ich eine tiefere Verbindung zur Heilarbeit finden konnte. Da bin ich mir fast sicher. Aber in New York zu wohnen, um deine Mitte zu finden, zu meditieren, hm … Andererseits, wenn du deine Mitte in einer Stadt wie New York finden kannst: Herzlichen Glückwunsch. Fast jeder kann in einer einsamen Höhle diese Verbindung finden, aber in New York? Und es gibt da in dieser Stadt sicherlich viele Inspirationen, viele faszinierende Techniken und Meditations-

und Yogaschulen, einen Überfluss an Angeboten von Lehrern, Gurus und Trainingskursen. Aber irgendwann ist es dann auch genug. Und irgendwie kam es dann immer öfter vor, dass die Workshops und Trainingskurse, an denen ich teilnahm, an abgeschiedenen Orten und in anderen Ländern stattgefunden haben. Ich liebe es zu reisen. Aber irgendwann machte es keinen Sinn mehr, in der Stadt zu wohnen, um sich dann von einem Weekend Getaway, einem Wochenendausflug, zum nächsten Workshop zu hangeln und zwischendrin daran zu arbeiten, wie sehr du in einer der lebendigsten Städte der Welt deine innere Stille findest. Nebenbei ist es auch sicher nicht die günstigste Lebensweise, rein finanziell gesehen. Als ich mein kleines Studio in Crown Heights, Brooklyn verlassen habe, wurde der Mietpreis, glaube ich, auf circa auf 1400 US-Dollar hochgesetzt. Monatlich. Ohne Nebenkosten. Und das war ein Schnäppchen. Nein, es war kein Schloss, eher ein Schuhkarton. Aber ein sehr schöner. Und es war meiner. Meiner ganz allein, ohne Mitbewohner.

Mein Entschluss stand fest. Wohin würde ich gehen? Keine Ahnung. Also fing ich erstmal an, alles, was ich mein Eigen nannte, wegzugeben, zu verkaufen oder in den Müll zu packen. Alles. Bis auf zwei Koffer. Wenn du schon mal nach sechzehn Jahren umgezogen bist, weißt du, wie viel Krempel wir so ansammeln. Und ich bin ja auch innerhalb der sechzehn Jahre in New York umgezogen, aber alles, was ich besaß, auf zwei Koffer zusammenzuschrumpfen, war dann schon anders. Ich glaube, beim zwanzigsten Müllsack, den ich die Hausflurtreppe herunterschleppte, war es mir dann auch egal, was ich behalten würde und was nicht. Hauptsache alles weg. Die Wohnung musste frei werden und im Flugzeug konnte nicht allzu viel mit. Und der Zeitpunkt rückte näher, und zwar schnell. Diese Idee, uns von unseren materiellen Dingen zu trennen, die in verschiedenen spirituellen Traditionen sehr nahegelegt wird, um weiter auf dem spirituellen Weg zu kommen, konnte ich damals nachfühlen. Je mehr nicht mehr da ist, desto leichter fühlt es sich an, desto freier. Es ist fast so, als ob wir ein Stück von unserem inneren Gepäck mit abgeben, unseren Emotionen, unseren Gedankenmustern, Verbindungen zu Situationen und Leuten. Es schafft Platz für Neues. Als ich dann im Taxi zum Flughafen saß, sah ich mir die Stadt nochmals im Vorbeifahren an. Der leckere Sushiladen an der Ecke, dessen Bedienung mir, sobald ich im Anmarsch war, schon zwei Avocado Rolls mit Cream Cheese fertig machte. Der Deli, der Kaufladen am Ende meiner Straße, mit dem netten Besitzer, und hin und wieder auch mit eher zwielichtigen Gestalten, die sicherlich dort nicht nur Milch kaufen wollten. Ja, das ist so eine Sache in New York mit den Drogen. Ich glaube, wie in fast jeder größeren Stadt, oder? Die LIRR-Zughaltestelle, hier bin ich für lange Jahre zu meinem Chiropraktiker gefahren. Subway-Haltestellen, mein Lieblingscoffeeshop, Parks, die vielen Autos, die vielen Menschen, ein Blick zurück ... Ich habe damals nicht nur die meisten meiner Besitztümer in New York gelassen. Ich habe das Gefühl, ein

Teil von mir selbst blieb in dieser Stadt und wird immer dort sein.

Während der Passkontrolle am Flughafen wurde ich schon ein wenig nostalgisch: »Jetzt gibt es kein Zurück mehr. New York liegt hinter mir.«Als ich in New York ankam, war da so viel Unbekanntes. Und ich habe es genossen. Das ist lange her. Kann ich das heute überhaupt noch? So ins Unbekannte gehen? Ich kann. Aber es fühlt sich oft schon ein wenig mulmig an. Zumindest wusste ich, als ich New York verließ, wohin ich als Nächstes fliegen würde, das war doch schon mal ein Anfang.

Chennai, Indien

Ich war noch nie in Indien. Spannend. Gerade aus der so pulsierenden Stadt New York komme ich in einem Ashram in Indien an. Vielleicht dachte ich mir, ein wenig Schocktherapie täte gut? Scherz beiseite. Es könnte wohl kaum unterschiedlicher sein.

Am Flughafen in Chennai ist es sehr belebt. Fast wie in New York. Nur anders. Die Bettler, die da am Straßenrand liegen … Da sehen die Bettler in New York stellenweise wie wohlhabende Menschen aus. Der Müll, der nicht abgeholt wurde (was wohl nicht überall so ist, wie ich später erfahre). Und es riecht. Ich weiß gar nicht wonach. Vielleicht eine Kombination aus Menschen, Tieren, Fäkalien, Müll, Essen … Es ist heiß, und die Hitze macht es noch extremer. Die Luft steht förmlich. Aber es hat angefangen zu regnen. Wie schön, dann reinigt sich die Luft ein wenig. Das denke ich mir so. Unser Fahrer, der mich und ein paar andere zum Ashram bringt, erzählt dann, dass es schon seit Tagen geregnet hat und nun Überflutungen drohen. Was das hier heißt, sehe ich, sobald wir das Flughafengelände verlassen haben. Manche Straßen stehen komplett unter Wasser.

Ich bin bald perplex und staune nur, während unser Fahrer das Auto durch die Straßen »schifft«. Dazu muss man sagen, dass es sicherlich kein neues Auto ist. So ein bisschen Rost hier und da macht doch gar nicht so viel aus, hoffe ich zumindest. Und dieses wunderbare Auto ist erstaunlicher- und glücklicherweise ungemein dicht. Man stelle sich vor, dass da Menschen bis zum Bauchnabel im Wasser neben uns her waten, und das scheint sie auch gar nicht zu stören, während sie auf ihren Köpfen Körbe oder Pakete tragen. So »schwimmen« wir mit unserem Auto weiter zum Ashram. Eine Brücke wurde gerade wegen Überflutung gesperrt. Eine weitere soll bald folgen. Ein wenig zögernd frage ich, ob wir denn über so eine Brücke zum Ashram fahren müssen. »Ja.« Aber es gibt doch sicherlich eine andere Möglichkeit, dorthin zu kommen? »Nein.« Dann wird mir bewusst, dass ich eigentlich nicht wirklich einen Plan habe, zu einem bestimmten Zeitpunkt irgendwo anzukommen, und dass ich auch nirgendwohin zurückgehen muss. Das ist eine ganz andere Art zu reisen. Letztendlich schaffen wir es, über die letzte Brücke zu kommen, ein paar Minuten bevor sie geschlossen wird. Der Flughafen wird am nächsten Tag wegen Überflutung auch komplett dichtgemacht. Glück gehabt.

Im Ashram
Noch vor nicht allzu langer Zeit hätte ich niemals gedacht, dass ich mich eines Tages in einem indischen Ashram wie-

*derfinden würde. Hier im Ashram gibt es eine große Mauer
und einen Zaun, die das Gelände umgeben. Sobald wir ankommen, wird mir deutlich gemacht, dass ich den Ashram
aus Sicherheitsgründen niemals alleine zu verlassen habe.
Hat das jetzt ein Gefühl von Sicherheit oder das Gefühl
des Eingeschlossenseins? In einem Ashram geht es ja, wie
ich immer dachte, um spirituelle Weiterentwicklung, für
mich letztendlich ein Weg zu spiritueller Freiheit. Freiheit
hinter Mauern ...*

Indien war nicht und wird auch nicht das letzte Land
sein, das ich besuche, in dem ich merke, was für eine un-
glaubliche Freiheit ich in Deutschland, in den Niederlanden und in New York hatte. Freiheit ist Luxus. Physische
Freiheit wie auch gedankliche Freiheit. In Deutschland
bin ich mit der Idee aufgewachsen, dass es etwas Selbst-
verständliches ist.

Leider gibt es so viele Länder, wo es nicht so ist, besonders für Frauen. Als ich in Honduras war, waren wir
auch eingezäunt, zu unserer eigenen Sicherheit. Wann
immer ich alleine »draußen« herumgelaufen bin, haben
die Leute stellenweise schon ein wenig geschaut. Und
ich musste auch sichergehen, dass ich nicht zur falschen
Zeit in der falschen Gegend war. Marokko ist ähnlich,
Brasilien auch. Wir leben in einem Luxus, der eigentlich
keiner sein sollte. Wenn du das Gegenteil siehst, dann
wird dir bewusst, wie dankbar du sein kannst. Wenn
wir als Touristen in einem Land besonders zuvorkom-
mend behandelt und geradezu beschützt werden, kann es
das Gefühl von Beschränkung, von Unfreiheit auslösen.

Was wir oft gar nicht sehen, ist, was hinter den Kulissen passiert. Natürlich ist es auch nicht in allen Gegenden dieser Länder so, und natürlich gibt es auch zum Beispiel in New York oder Deutschland Straßen, wo ich nachts nicht alleine herlaufen würde. Und mittlerweile kommen da auch noch viel stärker die politischen Spaltungen dazu, gerade in den USA. Aber im Großen und Ganzen ist da ein sehr großer Unterschied zwischen Indien und Deutschland zum Beispiel.

Hier im Ashram erfahre ich schnell, dass es sehr strikte Regeln gibt. Das weiterhin zum Thema Freiheit. Morgens um fünf Uhr ist die erste Meditation, und oft gehen die Rituale bis spät in die Nacht. Tagsüber ist wenig Zeit zwischen den Meditationen, den Klassen, und Frühstück, Mittag- und Abendessen. Oft haben wir bis zu acht oder neun Stunden am Tag meditiert, oder sogar mehr. Ist das empfehlenswert? Kann man das? Es ist am Anfang gewöhnungsbedürftig für mich. Aber es wird einfacher. Und dann fängt es an, in einem ganz still zu werden. Da ist eine Klarheit, die sich entwickelt. Eine Nähe zu sich selbst. Und eine Nähe zu anderen, obwohl wir meistens jeder für uns selbst sitzen und meditieren. Wenn du still wirst, dann kannst du zuhören. Du hörst der Stille zu. Du lernst zuzuhören, auch wenn der andere nicht spricht. Das ist schon komisch. Aber das habe ich beim Tanzen auch empfunden. Da ist es wieder. Das Tanzen. New York. Vermisse ich es etwa? Nein. Aber wieder angekommen bin ich noch nicht, wo auch immer. Irgendwie hänge ich im Moment so mittendrin. Es ist ein komisches Gefühl. Vielleicht brauche ich ja gar keinen Ort,

um anzukommen, vielleicht kann ich auch in mir selbst an-
kommen. Egal, wo ich bin. Im Tanzen hatte ich oft das Ge-
fühl. Wenn du dich tief mit der Bewegung verbindest, dann
ist es wie eine Meditation. Eine Stille in dir selbst, die sich
bewegt, in dir. Ganz tief. Da geh ich hier nach Indien, um
zu sehen, was ich schon immer gewusst habe? Aber ich habe
noch nie so klar gesehen, dass diese Verbindung in allem da
ist. Alles bewegt sich ständig, wie beim Tanzen. Solange wir
atmen, bewegen wir uns, selbst in unserer Stille. Wir sind
immer da. Wenn wir hier präsent sind, dann können wir
die innere Verbindung finden.

Die Menschen hier im Ashram sind sehr freundlich und
offen. Hin und wieder lachen sie darüber, wenn ich mal
wieder etwas falsch verstanden habe, wegen der Sprachbar-
riere, aber nicht aus Gehässigkeit. Ich lerne, dass es oft ein-
facher ist, Freiheit zu finden, wenn es Regeln und Disziplin
gibt. Das war beim Tanzen auch immer da, aber ich habe
es nie so wahrgenommen. Ich lerne, dass die Menschen hier
unglaublich diszipliniert sind. Sie arbeiten viel. Schlafen oft
wenig. Besitzen nicht viel. Es sind oft sehr einfache Men-
schen. Aber da ist eine Herzlichkeit, eine Offenheit, eine
Freude. Und eine Geduld, die ich so kaum gesehen habe.

Ich muss gestehen, dass ich nicht viel von dem Land gesehen habe, während ich im Ashram war, aber was ich
gesehen habe, war sehr schön. Es ist ein schönes Land.
Vielleicht komme ich irgendwann zurück, um mehr zu
sehen. Wer weiß …

Wie es weitergeht

Und wo lande ich letztendlich? Das weiß ich noch nicht. Bin ich mittlerweile angekommen? Auch das weiß ich nicht. Ich glaube, letztendlich ist es egal, wo du wohnst. Es ist sogar egal, mit wem du dort bist. Es wird sicherlich Unterschiede geben. Manche Orte gefallen dir besser als andere, manche sind friedlicher und harmonischer. Genauso ist es mit Menschen. Manche Menschen geben dir ein glückliches Gefühl oder Geborgenheit. Oder Liebe. Da könnte man sagen, dass es das Ultimative ist, an einem schönen Ort zu leben mit unseren Liebsten. Das ist sicherlich ein wunderbares Ziel. Ich glaube, dass wir letztendlich aber nur wirklich glücklich sein können, wenn wir das in uns selber finden. Wenn ich an einem wunderschönen Ort bin und mich innerlich miserabel fühle, dann werde ich von der Schönheit nicht viel mitbekommen. Es ist sogar sehr wahrscheinlich, dass ich viele Mängel finden werde und mich unwohl fühle. Und wenn ich mit meinen Liebsten zusammen bin, dann sollte ich doch eigentlich glücklich sein. Aber wenn ich mich innerlich schlecht fühle, dann werden meine Mitmenschen mir auch kein glückliches Leben bieten können, zumindest nicht auf lange Zeit. Letztendlich kann ich mich nur selbst glücklich machen. Der Rest ist Bonus. Auch wenn es ein schöner Bonus ist.

Was ich weiß, ist, dass die Arbeit, die ich mache, das immer stetige Weitergehen in mir und die ständige Veränderung, etwas ist, was ich genieße, was mich glücklich macht. Die innere Verbindung ist etwas, wo ich zu

Hause bin. Und wenn ich anderen Menschen mit meiner Arbeit dabei helfen kann, das zu finden, dann ist das ein Geschenk. Egal, wo ich letztendlich ankomme, das wird immer bei mir sein, das werde ich immer genießen.

Vielleicht komme ich ja eines Tages auch wieder zum Tanzen zurück. Aber anders als vorher, um aufzuräumen in mir und um anderen dabei zu helfen. Um Klarheit zu schaffen. Um die Verbindung zu finden, die wir eigentlich alle suchen. Die Verbindung zur Quelle. Die tiefe Verbindung zu uns selbst. Die innere Stille. Unsere Essenz. Liebe.

Daniela Hoff
info@danielahoff.org
www.danielahoff.org

Auf Umwegen ins neue Leben (Türkei)

Ich sitze in meiner neuen Wohnung in Büyükçekmece Istanbul. Ich habe einen wunderbaren Blick über die ganze Bucht. Es ist Abend, ich kann bis hinüber nach Mimarsinan schauen. Die Lichter der Stadt leuchten um die Wette mit den Sternen am Himmel. Trotz des fantastischen Ausblicks fühle ich mich falsch und entwurzelt, seit ich vor einigen Tagen in meine vermeintliche Traumwohnung gezogen bin. Am besten, ich fange von vorne an.

Das erste Mal auswandern wollte ich im Alter von fünfundzwanzig Jahren nach einem Urlaub in der Dom. Rep. Allerdings fehlte mir damals der Mut, ich habe nur geträumt. Als ich dann vier Jahre später arbeitslos wurde, nur echt beschissene Jobs bekam und mit einer Migräne, die nicht enden wollte, im Krankenhaus gelandet bin und tagelang am Tropf hing, hatte ich endgültig genug. Doch statt für die Dom. Rep. entschied ich mich für die Türkei. Die Menschen sind sehr gastfreundlich und ein Ferienjob ist immer zu haben, oft mit Familienanschluss. So landete ich in Bodrum an der Ägäis. Es wurde die beste Zeit meines Lebens. Ich blieb vier Monate und nahm mir vor, mich als Reiseleiterin für die Türkei oder Griechenland zu bewerben.

Doch das Leben hatte andere Pläne. Stattdessen habe ich den Mann kennengelernt, mit dem ich das Wagnis einer Ehe einging, zuvor haben wir noch unseren Sohn Alexander bekommen. Doch unser Glück währte nicht lange. Auf der Hochzeitsreise, Alexander stand kurz vor seinem ersten Geburtstag, habe ich mir den Kopf an einer Eisentür gestoßen. Die Ärzte waren der Meinung, der Schwindel und die Schmerzen lassen mit der Zeit nach, aber nach einem Jahr ging dann fast nichts mehr bei mir. Ich kann mich kaum um mein Kind kümmern, gehe zu osteopathischen Behandlungen und versuche, irgendwie zu überleben. Mein Mann redet kaum noch mit mir, ich bin weniger als Luft für ihn.

Nach Jahren treffe ich auf einen Physiotherapeuten, der gleichzeitig Aura-Seher ist. Ich bin fasziniert und besuche Kurse, um es zu erlernen und mir selbst helfen zu können. Die Kurse holen bei mir Verdrängtes an die Oberfläche, meine Familie, also Mutter und Geschwister, wollten nichts mehr mit mir zu tun haben, ich kann mich ja »erinnern«. Endlich, als Alexander sein Abi in der Tasche hat, finde ich den Mut, mich aus der unglücklichen Ehe zu lösen. Während mein Sohn vor dem Studium nach England geht, werde ich »Leben in der Türkei« ausprobieren. Ich liebäugel mit dem Dorf Sarigerme, in dessen Landschaft aus Bergen und Meer ich mich mal verliebt habe.

Und jetzt passiert etwas ganz Wunderbares. Ich öffne mein Facebook und finde meine Cousinen im Schwarzwald und in der Türkei. Wir telefonieren und freuen uns riesig. Ich kann gar nicht ausdrücken, was es mir bedeutet, wo ich doch alles verloren habe. Schwups, habe ich ein Flugticket für Istanbul! Ich bin sehr aufgeregt, habe aber auch eine Riesenangst. Wovor eigentlich? Ein Rückflugtickt ist schnell gekauft. Es ist wohl die Angst, mein altes Leben hinter mir zu lassen, ohne zu wissen, was die Zukunft bringt.

Büyükçekmece/Istanbul

Mein mir noch unbekannter Cousin erwartet mich am Flughafen. Die Begrüßung ist sehr herzlich. Wir fahren zu seiner Mutter, meiner Tante Hatice, bei der ich auch übernachten werde. Nicht nur seine Mutter erwartet uns, auch seine Frau, Tochter und Sohn. Ich fühle mich sofort richtig hier. Wir versuchen uns, so gut es geht, zu unterhalten, einige wenige Wörter weiß ich noch aus meiner Bodrum-Zeit. Es wird eine sehr erlebnisreiche Woche. Auf meinen Wunsch hin besuchen wir das Grab meiner Oma, der Cousin und seine Frau sind mir wie Geschwister, aber die größte Überraschung sind vier wirkliche (Halb-)Geschwister, zwei Schwestern und zwei Brüder. Der Moment des Kennenlernens ist so bewegend, wir liegen uns in den Armen und wollen uns kaum noch loslassen.

In Istanbul herrschen Minusgrade. Die Wohnung meiner Tante ist ein Eiskeller, nicht isoliert und dazu ist die Heizung defekt. Nach Sarigerme traue ich mich jetzt nicht, dort werden nur Sommerunterkünfte angeboten. Auch hier ist es für drei Monate schwer, etwas zu finden, alle wollen Jahresverträge. Als ich mit einem Migräneanfall im Bett liege, mein Mann anruft und um einen Neuanfang bittet, sage ich zu. Es ist kein Abschied für immer. Istanbul, ich komme wieder.

Ich sitze noch nicht im Flieger, da weiß ich schon, dass es keinen Neuanfang mit meinem Mann geben kann. Wir haben dieses Hin und Her seit neunzehn Jahren, es ist einfach zu spät. Er muss mich noch bis März im Haus ertragen, dann wage ich einen zweiten Versuch. Endlich wurde ich fündig in Sachen Unterkunft, ein Apartment mit Palmen im Garten und Bergen im Hintergrund. Ich plane, für sechs Monate zu bleiben. Dann bin ich etwa zeitgleich mit meinem Sohn zurück.

Sarigerme

Bei der Ankunft lerne ich schon einen Hotelmanager kennen, der mich mit nach Sarigerme nimmt und mich einlädt, seine Frau zu besuchen. Sie möchte Deutsch lernen, so könnten wir uns gegenseitig unterrichten. Wenn das kein guter Anfang ist!!! Wohl wundert er sich, dass meine Wahl auf dieses Dorf gefallen ist. »Hier ist doch nichts«, meint er. Doch, hier ist eine wunderbare Natur, ein herrlicher, kilometerlanger, nicht überfüllter Sandstrand. Ein Ort, um aufzutanken und Frieden zu finden. Birgit, die Vermieterin, erwartet mich schon. Wir umarmen uns sofort wie alte Bekannte. Tatsächlich wird sie mir zu einer wahren Freundin. Auch hier muss ich so fürchterlich frieren. Ich bekomme eine Schaffelldecke, eine Elektroheizung und Birgits Wolljacke. An manchen Abenden komme ich mir schon sehr vereinsamt vor.

Aber meistens genieße ich die Natur, man hört nichts als die Kuhglocken. Im Dorf ist bis auf ein paar kleine Lebensmittelläden alles noch geschlossen. Das Angebot ist nicht groß. Auberginen, Auberginen und wieder Auberginen. Einmal in der Woche kommt frisches Obst. Aber oft bin ich zu spät und gehe leer aus. Das Wetter bessert sich, ich bekomme Birgits Fahrrad, damit lasse ich mich den Berg runterrollen. Dann ist es nicht mehr weit bis zum Strand oder Dorf.

Meine alte Fußverletzung heilt einfach nicht, viel laufen kann ich nicht. Der Weg zum Strand ist herrlich, überall blüht es wunderschön. Nach und nach lerne ich einige Nachbarn kennen, auch mache ich meinen Besuch im Hotel, um die Frau meiner Reisebekanntschaft kennenzulernen. Hier ist es eine andere Welt. Alle sind gestylt und die meisten sprechen deutsch. Im Sommer wollen wir Katamaran fahren. Manchmal schwimmen Delphine nebenher. Das wäre herrlich. Alles hört sich wie ein Versprechen auf den schönsten Sommer meines Lebens an.

Meine Gastgeber raten mir dazu, die Mavi Kart zu beantragen. Da ich türkische Wurzeln habe, bekomme ich sie in jedem Fall, meinen sie. Sie gilt fast wie ein Personalausweis, nur wählen dürfte ich nicht. Birgit begleitet mich aufs Amt. Doch es fehlt die TC-Nummer, da ich nie angemeldet wurde. Also doch Aufenthaltsgenehmigung. Meine neue Bekannte aus dem Hotel bietet mir an, dass ihre Sekretärin das für mich übernimmt. Sie kenne sich gut aus. Ich reiche alle meine Unterlagen ein und bin beruhigt. Sie hat alles verschickt. Als sie mich dann nach sechs Wochen anruft, weil einiges übersetzt werden soll, klärt sich das Missverständnis. Sie kannte sich nämlich keineswegs aus, sondern hat alles an eine Agentur geschickt statt zur Behörde nach Muğla. Und dort sind meine Papiere einfach liegengeblieben. Ich versuche noch alles Mögliche, aber es ist zu spät. Ich bin völlig fertig, als ich meinen Flug nach Deutschland buche. Ein Koffer von mir wartet jetzt noch in Sarigerme auf mich.

Ich stehe an der Passkontrolle und bin völlig verspannt! Und schon kommt das nächste Problem auf mich zu. Die Woche Istanbul wird zu meinem Aufenthalt dazugezählt, ich habe die drei Monate überzogen. Mit einer Geldstrafe komme ich davon. Endlich sitze ich im Flieger, auf dem Weg in ein Zuhause, welches längst nicht mehr mein Zuhause ist.

Duisburg

Mein Aufenthalt fängt, wie kann es anders sein, mit Migräne an. Dazu brüllt mein Mann herum, der verständlicherweise nicht erfreut ist, mich wieder hierzuhaben. Ich mache mich so unsichtbar wie möglich, halte mich in dem kleinen Zimmer auf, welches eigentlich als Büro für meinen Mann gedacht war. Es arbeitet im Home Office. Leider macht er sich am Esstisch breit. Da wir eine offene Küche haben, gibt es keinen Platz für mich. Als Alexander zu Besuch aus London kommt, entspannt sich die Lage für kurze Zeit. Und natürlich freue ich mich riesig, ihn hierzuhaben. Ansonsten telefoniere ich mit allen möglichen Behörden, fahre zum türkischen Konsulat und versuche, von hier aus die Mavi Kart oder ein Visum zu bekommen, damit ich schnellstmöglich wieder einreisen kann. Ich möchte unbedingt zur Hochzeit meiner Schwester. Ich renne nur gegen Mauern. Ich muss einfach drei Monate warten.

In dem kleinen Zimmer fühle ich mich wie im Knast. Oft habe ich das Gefühl, mir fehlt die Luft zum Atmen. Ich lerne etwas Türkisch mit Babbel, ich vermisse alles so sehr. So oft wie möglich bin ich am nahegelegenen Baggerloch. Ich schicke eine Bitte an die Engel. Am Toeppersee sind mehr Türken als Deutsche, gibt es denn da niemanden, der mich in Türkisch unterrichten könnte? Ich fühle mich so verloren. Einen Lehrer finde ich nicht, dafür eine SMS auf Messenger. Aus Versehen habe ich wohl eine Freundschaftsanzeige verschickt an einen Typ aus Istanbul. Tatsächlich schreiben wir uns später täglich kurze Mitteilungen und telefonieren sogar. Dadurch lerne ich ein wenig besser, zu sprechen. Endlich ist die Zeit und ich packe für drei Monate. Zwar habe ich mit schlechtem Gewissen zu kämpfen. Jetzt werde ich nicht wie geplant zurück sein, wenn mein Sohn aus London zurückkommt. Aber ich muss es einfach tun.

Büyükçekmece/Istanbul

Endlich bin ich wieder in der Türkei. Ich wohne bei meiner Schwester. Was bin ich doch für ein Glückspilz, dass meine Verwandtschaft so am Meer wohnt. Ich komme zum Bayram (Feiertag) an. Doch bevor ich zur Tante gehe, möchte ich zuerst zum Strand. Es ist Badewetter. Es ist so herrlich!!! Ich fühle mich leicht und beschwingt. Ich kann mich gar nicht vom Strand trennen, und als ich endlich bei meiner Tante ankomme, ist es fast schon Abend.

Einige Gäste sind schon gegangen, alle haben auf mich gewartet. Einen ihrer Söhne beordert sie noch zurück. Oje, da habe ich mich ja toll eingeführt. Sie alle wollen wissen, ob ich mich amüsiert habe am Strand. Dann ist es ja gut, sind sie alle einer Meinung. Keiner nimmt es mir krumm.

Mit meiner Facebook-Bekanntschaft treffe ich mich oft. Was für ein Zufall, dass er so in der Nähe wohnt. Wir sitzen meistens in einem Strandcafé abends oder gehen essen. Es ist ein ganz neues Lebensgefühl für mich, wo es doch jahrelang nur ums Überleben ging. Ein unglaubliches Gefühl der Leichtigkeit stellt sich ein.

Trotzdem habe ich oft schwere Migräne und liege tagelang flach. Auch fallen Besuche kurz aus, Unterhaltungen sind immer noch anstrengend. Aber alle akzeptieren mich so, wie ich bin. Keiner macht mir Vorwürfe. Das kenne ich so gar nicht von meiner Familie in Deutschland. Überhaupt ist es weniger leistungsorientiert hier, man nimmt alles gelassener hin. Ich bin unendlich dankbar für die Liebe, die mir diese Menschen schenken. Für sie gehöre ich sofort zur Familie. Es tut mir unglaublich gut. Auch zieht das Lachen wieder in mein Leben. Mein Cousin ist ein Clown, es ist immer lustig bei ihm.

Meine Schwester erkrankt an Krebs. Sie muss ins Krankenhaus zur Chemo. Ihre Mutter kommt sofort aus Mersin angereist. Sie ist eine sehr warmherzige Frau. Ich mag sie auf Anhieb. Nach und nach wird die kleine Wohnung immer voller. Erst der kleine Bruder, dann der ältere samt Familie. Die Wohnung platzt aus allen Nähten. Ich bin vollkommen überfordert damit. Immer öfter treffe ich mich mit Erdal am Abend, um an einem ruhigen Ort am Meer zu sitzen. Manchmal überrascht er mich auch. Dann ruft er morgens an: »Ich stehe unten. Komm, wir gehen frühstücken.« Natürlich immer in einem Strandcafé. Manchmal bin ich sehr müde, die Situation mit den vielen Menschen auf engem Raum überfordert mich sehr. Aber Erdal und ich können auch zusammen schweigen, und es fühlt sich trotzdem gut an. Er war von Anfang an mehr als einer Freundschaft interessiert. Ich habe große Bedenken. Am meisten wegen des Alters. Ein Mann, der mehr als zehn Jahre jünger ist als ich, geht einfach gar nicht. Auch habe ich Angst, was meine neuen Verwandten von mir denken. Ich möchte nicht alle wieder verlieren. Doch Erdal nimmt mir nach und nach die Angst. Ich verliebe mich immer mehr. Als die Situation in der kleinen Wohnung unerträglich wird für mich, ziehen wir zusammen für ein paar Tage in ein Hotel. Er lebt noch, da unverheiratet, nach kurdischer Tradition mit Eltern und Bruder zusammen. Wir schenken uns gegenseitig Frieden. Und er bringt mich zum

Lachen, selbst wenn ich Kopfschmerzen habe und es mir nicht so gut geht. Er ist der erste Mensch seit meinem Unfall, mit dem ich den ganzen Tag zusammen sein kann, ohne dass es mir anstrengend wird.

Es sind erst gute zwei Monate um, aber meine Zeit ist abgelaufen. Ohne eigene Wohnung fühle ich mich nicht mehr wohl. Als ich Gülay, meiner »Stiefmutter«, den Wohnungsschlüssel übergeben möchte, bestellt sie mir einen Gruß von meiner Schwester Sinem, ich solle den Schlüssel behalten. Ihr Zuhause ist auch mein Zuhause. Ich bin zu Tränen gerührt. Wieder lasse ich die Hälfte meiner Kleidung zurück. Ich bin mir sicher, bald wieder hier zu sein.

Duisburg

Es tut gut, meinen Sohn nach der langen Zeit in die Arme zu schließen. Wir führen viele Gespräche. Ich möchte in der Türkei leben, anderseits fühle ich mich als Rabenmutter. Alexander bestärkt mich darin zu gehen. Er möchte mich so oft wie möglich besuchen in den Semesterferien. Auch erzähle ich ihm von Erdal, und er freut sich für mich. Vielleicht haben wir ja eine Chance.

Das Leben hat mal wieder andere Pläne. Alexander hatte vor kurzem eine vermeintlich harmlose Nasen-OP. Er kommt von der Kontrolluntersuchung völlig verstört nach Hause, kann nicht sprechen und bricht in Tränen aus. Das Gewebe sah so verdächtig aus, der Arzt hat es zum Labor geschickt. Es ist Krebs. Nein, das kann nicht sein. In was für einen Alptraum sind wir geraten!? Ich fühle mich sooo ohnmächtig. Aber ich kann es meinem Sohn nicht abnehmen, so sehr ich es mir wünsche. Die Türkeipläne sind dahin, ich werde mir hier, so nah wie möglich, eine Wohnung suchen. Tatsächlich finde ich was Passendes in der gleichen Straße. Jetzt macht mein Mann mir den Vorschlag, im Haus wohnen zu bleiben, damit wir für Alexander gemeinsam da sein können. Ich nehme sofort an. Die Ärzte brauchen Zeit, um Laser und Chemotherapiepläne zu erstellen. Bevor uns das Warten wahnsinnig macht, fliegen wir über Weihnachten nach London zu meinem Schwager. Das tut uns allen gut.

Zurück in Duisburg gehen die Behandlungen los ... und die Streitereien mit meinem Mann. Er kann es nicht ertragen, mich um sich zu haben. Ich verstehe es nicht wirklich. Unser Kind kämpft um sein Leben, da ist alles andere unwichtig. Mit Erdal telefoniere ich mindestens ein Mal pro Tag. Er gibt mir Kraft und Hoffnung. Er hat immer Zeit für mich und verspricht, auf mich zu warten, solange es eben dauert. Ich möchte so viel wie möglich für meinen Sohn da sein, aber ich muss auch auf Wohnungssuche gehen. Es eskaliert vollkommen. Ich finde einfach nichts Passendes. Wieder hilft mir Facebook. Ich bekomme eine Wohnung angeboten in einem Einfamilienhaus mit nur einem Eingang. Drumherum sieht es aus, als ob eine Bombe oder gleich mehrere eingeschlagen hätten. Der Garten ist voll mit Müll, ausrangierten Türen und was noch alles. Aber bleibt mir eine Wahl? Ich sage zu. In einer Woche kann ich einziehen. Die Zeit braucht er, um das Bad »bewohnbar« zu machen. Eine Woche mit meinem Mann im Haus geht gar nicht mehr. Ich stehe kurz vor einem Nervenzusammenbruch. Die nächste Chemo ist auch erst in einer guten Woche, Alex geht es gut. Ich fliege die eine Woche zu meinem Schatz.

Wieder in Büyükçekmece

Erdal holt mich vom Flughafen ab. Was für ein schönes Gefühl, da anzukommen, wo man erwünscht ist. Er hat uns ein Hotel gebucht und kann sich die meiste Zeit der Woche freinehmen. Seine Umarmungen sind vertraut und sooo tröstend. Ich tanke wieder etwas auf, gönne mir ein türkisches Bad und besuche einmal meine Schwester. Auch Erdals Schwester und seiner Mutter statten wir einen Besuch ab. Sie sehen mich schon als potenzielle Schwiegertochter. Erdal redet jetzt schon von Heiraten, viel zu früh, um überhaupt daran zu denken. Die paar Tage sind ruck, zuck um. Auf dem Rückweg zum Flughafen bemerkt mein Liebling, dass wieder Leben in meinen Augen ist.

Duisburg

Alexander holt mich ab und bringt mich zu meinem neuen Zuhause. Er hat eine Matratze und einen Wasserkocher in die Wohnung geschafft. Mein neuer Vermieter hat chinesisches Essen bestellt. Wie nett von ihm. Danach leg ich mich direkt schlafen. Es ist ein Eiskeller hier. Am nächsten Tag hole ich meine persönlichen Sachen, den Kühlschrank bekomme ich und die Gartenmöbel als Sitzecke, Liegestuhl als Couch. Eine Küche habe ich nicht, hab auch keine Zeit, mich darum zu kümmern. Die Chemo geht los, wenn ich kann, bin ich in Essen im Krankenhaus. Ich bestelle mir ein gemütliches Bett aus dem Katalog, und mein Mann spendiert mir eine Mini-Küche. Aber schnell wird mir klar, ich kann hier nicht auf Dauer wohnen. Mein Sohn rät mir, trotzdem in die Türkei zu gehen. »Nach der nächsten Runde bin ich gesund, Mama, und in zwei Monaten kann ich dich schon besuchen.« Die ganzen Ehejahre habe ich den Sohn vorgeschoben als Grund, mich nicht trennen zu können. Es wird Zeit, mich zu befreien, und in gewisser Weise auch ihn. Alexander bucht den Flug für mich.

Ich verkaufe den neuen Herd, den Kühlschrank und mein geliebtes Auto. Das neue Bett schenke ich Susan, Alexanders Freundin. Und es kommt genauso, wie mein Sohn gesagt hat. Wir bekommen die schönste Nachricht der Welt. Er ist gesund! Der Alptraum hat ein Ende. Wir feiern Abschied, die neuen Verwandten aus Duisburg schmeißen für uns den Grill an. Dann ist es so weit. Der Abschied von Alexander fällt schwer. Ich kann die Tränen nicht zurückhalten.

Büyükçekmece/Istanbul

Jetzt bin ich wieder hier. Mit zwei Koffern starte ich in mein neues Leben. Erdal holt mich wieder ab. Für drei Tage habe ich ein Hotel gebucht. Ich liege neben meinem Liebsten im Bett, aber mein Kopf ist noch in Deutschland, bei meinem Sohn, der Angst, den Streitereien mit meinem Mann. Die nächsten zwei Tage verbringen wir mit Faulenzen, in Strandcafés sitzen, essen gehen. Zu mehr bin ich noch nicht fähig. Am dritten Tag ziehe ich zu meiner Schwester. Jetzt ist es Zeit für die Wohnungssuche. Ich bin ziemlich geschockt. Viele Vermieter wollen nicht an eine alleinstehende Frau vermieten. Ich dachte, so veraltete Ansichten gäbe es hier nicht mehr. Manches Moderne ist halt nur aufgesetzt. Aber nach drei Tagen findet Erdal eine Wohnung. Ich bin sofort begeistert. Strandnah, Supermärkte um die Ecke und trotzdem ganz ruhig, zwei große Balkone, ich schlage sofort zu. Ich kann mein Glücksgefühl gar nicht beschreiben. Ich fühle mich angekommen. Jetzt habe ich alles gefunden, ein Zuhause, Verwandte, die mir sofort wie eine Familie sind, und einen Partner.

Doch dieses Glücksgefühl hält nicht an. Mein Geld ist schnell weg. Für Mietkaution und Makler geht viel Geld drauf. Dazu gebe ich viel zu viel für wenige Möbel und gebrauchte Elektrogeräte aus, da Erdal sich auch nicht wirklich auskennt. Es gibt bürokratische Probleme, zwei Monate bleibt meine Rentenzahlung aus. Mein letztes Geld geht für die Aufenthaltsgenehmigung drauf. Erdal kratzt alles zusammen, um meine Miete zahlen zu können. Er borgt sich das Geld, da auch er finanzielle Probleme hat. Er bekommt einfach keine Aufträge mehr. Aber es ist etwas anderes, was mein Glück trübt. Ich habe auf Erdals Worte gehört und meine Angst über Bord geworfen. Doch leider hört er nicht auf seine eigenen Reden. Er hat Angst vor Getratsche, er bringt nicht mal seine Schwester mit, die mich gerne besuchen würde, nicht ohne Heiratsversprechen. Die Kultur ist doch sehr anders. Haben wir uns anfangs Vertrauen geschenkt, spiegeln wir uns jetzt Ablehnung. Ich schaffe es nicht, es nicht persönlich zu nehmen.

Endlich ist es so weit, Alexander kommt, wenn auch nur für eine Woche. Ich freue mich so auf ihn, und gleichzeitig mache ich mir Sorgen, dass ich ihm nicht genug Abwechslung bieten kann, da ich doch so sehr eingeschränkt bin in allem. Wir verbringen eine schöne Zeit. Er ist begeistert, wie nett alle sind, auch wenn er nichts versteht. Mit Erdal versteht er sich super, es fühlt sich manchmal wie Familie an. Schon ist Alexander wieder weg, und die Wohnung ist leer ohne ihn.

Oft wache ich morgens auf mit dem Gedanken: »Ich will nach Hause, aber wo ist das!?« Sollte es nicht da sein, wo mein Sohn ist!? An anderen Tagen bin ich sehr glücklich, wenn ich im Meer schwimme, zum Zuckerfest zur Tante gehe und mich sehr dazugehörig fühle. Zweimal war ich inzwischen in Deutschland, um meinen Sohn zu sehen. Komme mir dort heimatlos vor. Dank Andrea und Sinan habe ich immer eine Familie dort, doch der alte Stress überrollt mich. Wirklich gutgetan hat es mir nicht. Als ich auf dem Atatürk-Flughafen ankam, trotz Regen und kaltem Wetter, wusste ich, ich bin zu Hause. Daran haben selbst das Verkehrschaos und stundenlanger Stau nichts geändert. Hier bin ich mit dem Fahrrad gestürzt und habe mir die Hüfte verrenkt. Jetzt bin ich noch eingeschränkter in meiner Bewegung. Alles geht sehr langsam voran. Im Winter beginnt meine Eiszeit, ich friere fürchterlich. Ich besuche niemanden mehr, die Häuser sind mir zu kalt. Ich friere beim Einkaufen, beim Friseur, überall. Nichts ist isoliert, manche Läden haben weder Heizung noch Klimaanlage.

Von Erdal habe ich mich getrennt. Es fühlte sich alles nur noch falsch an, sein »Prinzessin« nichts als ein leeres Wort. Trotzdem fällt es mir sehr schwer, wirklich loszulassen. Wäre ich ohne ihn auch nach Istanbul gekommen? Ich weiß es nicht! Es ist eine Riesenmetropole, und ich habe Angst, mein Leben hier alleine nicht zu schaffen.

Dafür habe ich Freundinnen gefunden, sowohl türkische als auch aus dem Iran, Rumänien und aus Österreich. Im Moment bin ich viel zu Hause, es regnet ständig und ich bin quasi dauererkältet. Jetzt bin ich doch froh, dass ich eine Neubauwohnung habe, wenn es auch hier noch nicht ideal ist. Die Wände sind extrem dünn, man hört alles vom Nachbarn und der Vermieter meint, meine Gäste kontrollieren zu müssen. Tatsächlich hat er einen Bekannten von mir herauskomplimentiert (keine männlichen Gäste erwünscht!). Also werde ich wieder auf Suche gehen und bis dahin die wunderschöne Aussicht genießen.

Ganz angekommen bin ich also noch nicht, auch nicht fertig eingerichtet. Das erledige ich in der nächsten Wohnung. Und ob ich hier am richtigen Ort bin? Im Moment bestimmt. Die neue »Familie« hilft mir, Wurzeln zu schlagen, was ich in Deutschland bis jetzt nicht geschafft habe. Wer weiß, vielleicht ziehe ich ja nochmal weiter an die Ägäis oder Südküste, wo die Winter milder sind, wo es weniger Autostaus und dafür viel Natur gibt. Jetzt freue ich mich erstmal auf Alexander. Noch sechs Wochen, dann habe ich ihn für zehn Tage bei mir.

Demnächst gibt es ein Buch über die ganze Geschichte von mir!

Vom Schatten ins Licht

Sevim Babayiğit
sevim1308@gmail.com

Meine Geschichte des Auswanderns oder doch des (Wieder-)Einwanderns? (Bosnien)

Mein Name ist Veronika und mit meinen vierzig Jahren bin ich schon vierzehn Mal umgezogen und habe in drei verschiedenen Ländern gelebt. Jedes Mal wenn ich in einem anderen Land zu Besuch bin, geht das Spiel von vorne los: Da läuft der komplette Film ab, wie es wohl wäre, da zu leben. Und die dazugehörenden Recherchen gehen los ... Was ist das für ein Land, wie ist das Wetter, die politische Situation, die wirtschaftliche Lage, der Lebensstandard, leben da Deutschsprachige, herrscht da Meinungsfreiheit (als ob es diese noch irgendwo tatsächlich gäbe bei der Beeinflussung, der wir tagtäglich ausgesetzt sind). Weitere Punkte auf meiner imaginären Checkliste sind: Gibt es da eine deutsche/internationale Schule, wenn nicht, wie »offen« ist die heimische Schule?

Ich möchte, dass es meinem neunjährigen Sohn ja gut geht. Manche Leute würden mich Helikoptermama nennen. Eine, die zu sehr auf ihr Kind schaut, eine, die sich überall einmischt. Für mich wiederum ist es selbstverständlich, mich um mein Kind zu kümmern. Es hat ja logischerweise auch damit zu tun, wo man lebt, wie da die Bräuche sind usw. Außerdem habe ich, vom Gefühl her, mehrere Leben lang gewartet, Mutter zu werden.

Und diejenigen unter euch, die an mehrere Leben glauben, können mich bestimmt verstehen. Hinzu kommt, dass ich mit dreizehn Jahren aus meinem behüteten Leben in einem kleinen Dorf im Norden Bosniens herausgerissen wurde und ahnungslos an eine österreichische Schule kam. Diese Schule war noch nicht vorbereitet auf das, was kommt. Auf die vielen Flüchtlingskinder des ehemaligen Jugoslawiens.

Aber jetzt mal von vorne. Wie eben erwähnt, wurde ich im ehemaligen Jugoslawien geboren, als zweites Kind, acht Jahre nach der Geburt meines älteren Bruders. Mein Vater bestand darauf, dass ich Veronika heiße, genau wie die Tochter der Inhaber des Hotels, in dem er jahrelang arbeitete. Ich wuchs in einem kleinen Dorf auf und bekam vom Rest der Welt kaum was mit. Ich war ein eher zurückgezogenes Kind, das viel mit Ameisen und Schmetterlingen spielte, es liebte, im Laub zu laufen, im Wald am Bach zu spielen, sich seine Zauberwelt zurechtzimmerte, mit der die anderen nicht ganz zurechtkamen. Der Altersunterschied zu meinem Bruder war einfach zu groß, als dass er mit mir hätte was anfangen können. Mein Vater arbeitete in Österreich, und ich sah ihn zweimal im Jahr. Wenn er nach Hause kam, blieb er dann schon für ein bis zwei Monate da, aber dann war er teilweise auch ein halbes Jahr weg. Meine Mama erzählte mir unter Tränen von einer Szene, an die ich mich nicht erinnern kann. Ich teile sie hier mit euch: Mein Vater war wieder fast ein halbes Jahr zum Arbeiten, und ich hatte keinen Kontakt mit ihm, außer die paar Worte, die er in den Briefen, die er meiner Mutter schrieb, an mich richtete. Mit zwei Jahren war ich aber auch zu klein, um das alles zu begreifen. Ich war es gewohnt, dass es meine Mama gab und den acht Jahre älteren Bruder. Es war ein schöner Tag, ich spielte in dem Sandhaufen vor dem Haus und war wahrscheinlich in meiner eigenen Welt versunken. Da blieb ein Taxi vor unserem Haus stehen, und ein Mann stieg aus. Er kam auf mich zu und wollte mich umarmen, aber ich lief verängstigt zur Mama und sagte, dass da ein fremder Mann gekommen wäre ... Ich hatte meinen Papa nicht erkannt ...

Es klingt so unwirklich, wenn ich das jetzt alles so schreibe, aber so war es. Es klingt wie die Geschichte von jemand anderem, ist aber meine eigene. Ich lese wahnsinnig gerne, da kann ich dann in das Leben anderer Leute eintauchen, sehe die Bilder vor meinem inneren Auge, erlebe alles mit, fühle mit, ich weine auch viel, ob vor Trauer oder Glück oder Mitgefühl, was die Menschen alles erlebt haben. Aber das hier ist meine Geschichte. Irgendwie unglaublich ... Es gab weder Telefon noch Internet. Im Fernsehen gab es zwei Kanäle. Ich habe es geliebt, Tiersendungen zu schauen, wenn mal welche kamen. Und sonntags kam ein Musikquiz, darauf habe ich mich gefreut. Den Rest der Zeit habe ich draußen verbracht. Meistens allein. Meine Mutter wollte eine gute Frau sein und nichts von dem Geld, das mein Vater hart verdiente, verbrauchen. So hat sie dann Gemüse selber angebaut, Mais und Weizen auch, wir hatten auch einen kleinen Bauernhof, mit Hühnern, Schweinen und

Kühen. Fleisch, Käse, Brot, alles hat sie selber zubereitet. Eine richtig fleißige Frau, die leider wenig Zeit für die Kinder hatte. An Essen oder sauberer Kleidung hat es uns nie gefehlt, an der Zeit, die man uns widmete, schon … Vielleicht dachte ich deshalb als Kind, dass ich adoptiert sei und dass meine wahren Eltern eines Tages kommen, um mich zu holen. Wer weiß?

Als ich circa acht oder neun Jahre alt wurde, beschlossen meine Eltern, dass meine Mutter auch zum Arbeiten nach Österreich geht, und mein Bruder und ich hatten dann verschiedene »Aufpasserinnen«. Mal war es die Oma, mal die Freundin meiner Mutter, dann wieder eine andere Freundin. Mein Bruder war ja schon richtig in der Pubertät, ich bekam ihn kaum zu Gesicht, und als er achtzehn wurde, kam er zuerst zum Bundesheer und ging danach auch nach Österreich.

Zu dem Zeitpunkt war ich circa zehn Jahre alt und wohnte nun bei einer befreundeten Lehrerfamilie, die selber drei Kinder hatte. Was soll ich sagen … Wenn ich an all die Jahre zurückdenke, sehe ich ein kleines, einsames Mädchen, das Liebe und Geborgenheit sucht. Ich sehe ein Wesen, das sich immer mehr in sich zurückzieht und seine eigene Welt in sich aufbaut. Ich war ein braves Kind, war gut in der Schule und freute mich auf die Zeit, wenn ich träumen konnte.

Meine Eltern träumten auch. Sie träumten davon, eines Tages genug Geld verdient zu haben, um nach Hause zurückzukehren und für immer da zu leben. Nur war es nie genug Geld. Zuerst musste man ein Grundstück kaufen, dann ein Haus bauen, das Haus einrichten, dann noch einen Stall bauen und noch eine Garage, dann noch mehrere Wiesen und Felder kaufen, dann noch einen Traktor und noch ein Auto ...

Und dann kam das Jahr 1991 und der Krieg fing an. Im Oktober desselben Jahres kamen meine Eltern, um mich zu holen. In Bosnien war es noch ruhig, doch brodelte es überall, und es war eine Frage der Zeit, wann es losgeht. Ich war ja, wie so oft, auf das Ganze nicht vorbereitet. Meine Sachen wurden gepackt, in der Schule wurde Bescheid gegeben, kaum Zeit für große Abschiede, kaum Zeit zu verdauen, was tatsächlich lief. Wie durch Nebel sehe ich die Bilder der Abreise. Meiner Abreise. Aus dem Land, dem nun die schlimmsten Jahre bevorstanden ...

Wir waren in der Nacht in unserem (wieder) kleinen Dorf in den Tiroler Alpen angekommen, und erst am nächsten Tag konnte ich mir ein Bild von meiner neuen »Heimat« machen. Wie seltsam das alles war. Ich hörte die Menschen auf der Straße miteinander reden und verstand kein Wort. Die Leute im Fernsehen verstand ich auch nicht. Und beides, sowohl das, was sie draußen sprachen, als auch das im Fernsehen war Deutsch, versicherte mir meine Mutter, aber es klang irgendwie anders. Später wusste ich, dass der Tiroler Dialekt ja richtig heftig ist. Ich fühlte mich nicht wohl. Ich fühlte mich wie gefangen zwischen zwei Bergkämmen. Was auch der Wahrheit entsprach, denn das Dorf lag im Tal, zwischen zwei Kämmen … Fremdes Dorf, fremde Menschen, fremde Sprache. Und nun war das mein neues Leben. Mein Vater brachte mich in die Schule, in die ich jetzt gehen würde, ohne die Sprache zu sprechen. Ja, das würde ja lustig werden! Irgendwann in den nächsten Wochen fällte ich die Entscheidung: So, Veronika, du bist jetzt da, wo du bist, find dich damit ab, lerne die Sprache und mach das Beste daraus. Und das tat ich auch. Sehr schnell lernte ich Deutsch, es lag mir. Ich liebe es, deutsch zu sprechen, ich denke die meiste Zeit auf Deutsch, in der deutschen Sprache gibt es so viele Redewendungen, die so schön viel beschreiben können. Endlich hatte ich etwas, das mir richtig Spaß machte. Ich konnte lesen! Ich las alles, was mir in die Finger kam. Und gewöhnte mich langsam an das neue Leben, hatte sogar Freunde gefunden. Der Alltag hatte mich und es war gut. Mein Leben war das eines durchschnittlichen Kindes: Schule, Hausaufgaben, zu Hause helfen, spielen.

Nie werde ich die »Wien-Woche« vergessen. Alle aus der Klasse freuten sich, ich natürlich auch. Was mich genau erwartete, wusste ich nicht, war aber aufgeregt. Und das zu Recht. Ich verliebte mich in diese Stadt, in die vielen kleinen Gassen, die voller Überraschungen steckten, die schönen Kirchen, Museen, so viele Menschen verschiedenster Kulturen trafen da aufeinander. Da fühlte ich mich wohl. Da wollte ich sein. Also traf ich die Entscheidung, und sobald ich wieder bei meinen Eltern war, teilte ich ihnen diese mit: »Wenn ich groß bin, ziehe ich nach Wien um.«

Die haben mich lange Zeit damit aufgezogen, ja, ja, sie zieht nach Wien, natürlich … und irgendwann hatten sie es vergessen. In der Zwischenzeit hatte ich die Schule abgeschlossen, war österreichische Staatsbürgerin geworden, hatte sogar geheiratet, was nicht unbedingt mein Plan war, aber irgendwie läuft im Leben nicht alles nach Plan. Und nun kam der Zeitpunkt meines Umzuges nach Wien. Ja, ich habe mir mein Versprechen erfüllt!

Ich liebte es, die Sehenswürdigkeiten der Stadt zu erkunden. Meiner Stadt! Es war so, als hätte ich schon mal hier gelebt. Viele Sachen kamen mir vertraut vor. Doch fand ich immer wieder nette, kleine Gassen zum Erkunden. Jede hatte eine eigene Geschichte zu erzählen. Ob Shopping oder Museumsbesuch oder einfach nur abends Weggehen, hier war alles so besonders für mich. Ich war vielseitig interessiert, mich begeisterte die Tatsache, dass hier Menschen aus allen Teilen der Welt lebten. Hier wurde man nicht danach beurteilt, ob man Tiroler oder Serbe, Kroate, Chinese oder was auch immer war. Es ging darum, wie man als Mensch war. Ja, das gefiel mir. Keine Rücksicht nehmen müssen auf die Gefühle meiner Eltern. Irgendwelche »Regeln«, wie man zu sein hat. Was würden die Nachbarn sagen, was würden die »anderen« sagen … Das dürfte einer der Sätze sein, der so viele Träume zerstört hat …

Ich wiederum war jetzt da angekommen, wo ich schon als Kind gespürt hatte, dass es mir guttun würde. Aber das jahrelange »nach der Regel« leben hat natürlich Spuren hinterlassen. Außerdem hatte ich ja geheiratet und weder ich noch er waren reif für diese Ehe. Beide versuchten wir uns zu finden, gaben einander die Schuld, wenn es uns nicht gut ging. Hatten aber auch schöne Zeit zusammen, aber die »dunklere« überwog. Ich war mit mir beschäftigt, hatte meine beste Freundin gefunden, meine Sissy, die mir so sehr in dieser Zeit half. Die Sissy war die erste Person in meinem Leben, die sagte, dass ich in Ordnung bin, so wie ich bin. Stellt euch das mal vor! Ich war in Ordnung. Einfach, weil ich war. Unglaublich. Sonst musste ich ja immer irgendwelche Bedingungen erfüllen. Wenn man diese Bedingungen kennt, ist es ja einfach, zum Beispiel als Kind gut in der Schule sein. Schwierig wird es allerdings, wenn man erraten darf, was die »anderen« für richtig erachten.

Und je mehr ich so wurde, wie ich sein wollte, desto schlechter lief meine Ehe. Irgendwann ging sie langsam zu Ende. Nach vielen vergossenen Tränen, nach vielen einander zugefügten Schmerzen war es vorbei. Und ich fühlte mich frei. Ich nahm die Schuld auf mich. Ich wollte die Scheidung. Er war ja auch nicht glücklich, aber jemand musste den letzten Schritt tun, und das war dann ich. So ging meine erste Ehe zu Ende.

Ich setzte fort, an mir zu arbeiten. Bücher waren da eine tolle Unterstützung. Und ich hatte meine beste Freundin. Gespräche mit ihr waren heilsam für mich. Sissy und ich hatten viel gemeinsam. Wir liebten es, zusammen essen zu gehen, ein Gläschen Prosecco zu trinken und über Gott und die Welt zu sprechen. Wir gingen in Museen, in Musicals, fuhren zusammen in die Therme, gingen Tanzen bis in die frühen Morgenstunden.

Eines Tages kam sie auf die Idee, bei einer gewissen Madame Claire anzurufen. Das war eine Art Wahrsagerin, die die Zukunft vorhersehen konnte. Viel brauchte sie nicht, um mich zu überreden. Ich überwies das Geld auf das Konto der Dame, und sobald dieses verbucht war, hatte ich meinen telefonischen Termin. Ich habe mich später kaputtgelacht über mich, und von dem ganzen Irrsinn, den sie mir erzählt hat, ist mir nur eine Sache später eingefallen: Ich werde einen Mann kennenlernen, der mich meiner Heimat näherbringen wird. Wie Recht sie hatte … Aber davon ahnte ich in dem Augenblick noch nichts.

Eines Tages fiel mir das Buch »Mary« von Ella Kensington in die Hände. Tolles Buch, das mein Leben verändern sollte, doch auch davon ahnte ich noch nichts. Erstmal erzählte ich es der Sissy und wie sollte es denn anders sein, »zufälligerweise« hatte auch sie dieses Buch gelesen. Es handelt von einem »Glückscamp« in Spanien und davon, dass wir uns Glücksgefühle jederzeit selber machen können. Und wie sich herausstellte, gab es das Camp wirklich. Ein Deutscher namens Bodo, der auch das Buch geschrieben hatte, nur eben unter dem Synonym Ella, veranstaltete das Glückscamp tatsächlich in Spanien. Ja, ihr ahnt es schon, mit zwei anderen Freundinnen meldeten wir uns an. Vier Mädels aus Wien möchten in Spanien lernen, wie man glücklicher wird. Und wollen natürlich auch Spaß haben, Leute kennenlernen und Urlaub machen. Ich war richtig aufgeregt und konnte kaum erwarten, dass es losgeht. Zwei tolle Wochen warteten auf uns, da war ich mir sicher. Allein der Gedanke an Sommer, Sonne, Strand und nette Menschen, die auf der gleichen Suche waren wie wir auch, weckte in mir Glücksgefühle. Und so war dieses Erlebnis für mich ein Vollerfolg. Die Zeit verging wie im Flug, und für uns stand fest: Nächstes Jahr sind wir wieder dabei.

Das Leben in Wien ging weiter, ich machte mit meiner Persönlichkeitsentwicklung weiter und Sissy und ich verbrachten auch weiterhin viel Zeit zusammen. Sie hatte angefangen, Bauchtanzen zu lernen, und als ihre Gruppe einen Ausflug nach Istanbul machte, da flog ich auch mit. Fürs Bauchtanzen konnte ich mich nicht so begeistern, aber wenn es darum geht, fremde Länder zu erkunden, ja da bin ich sofort dabei. Zwei nette Einheimische zeigten uns Teile ihrer Stadt, die ein »normaler« Tourist nicht einfach so findet, wir waren begeistert. Ob es eine Taxifahrt über die vollgestopften Straßen Istanbuls war oder der Besuch einer Moschee, ob es die Fahrt zwischen Europa und Asien war oder einfach nur Bummeln, es war eine schöne Zeit.

Kaum in Wien angekommen, mussten wir uns auch schon auf unser zweites Glückscamp vorbereiten. Ich war wieder total aufgeregt, aber der Sissy ging es zu diesem Zeitpunkt nicht ganz so gut, und so sagte sie kurzfristig das Camp ab. Ich wollte bei ihr bleiben, doch sagte sie, sie wolle eine Weile mit sich selber verbringen und ich solle beruhigt fahren. Zu dritt ging es dann los, was sehr merkwürdig war, aber so war es nun mal.

An dieser Stelle mache ich einen Schwenk und erzähle euch was von Thomas H. Ungefähr zur gleichen Zeit, als ich in Istanbul war, war er mit seinem Roller unterwegs nach Italien, um den Kopf frei zu kriegen. Er war geschieden, die Kinder lebten bei der Exfrau, seine Firma lief nicht so gut, und die Beziehung, in der er steckte, war auch nicht das Blaue vom Himmel. Warum erzähle ich euch von ihm? Er hatte in dem Rucksack ein Buch dabei. Ahnt ihr es schon? Genau! Mary, von Ella Kensington. Er las das Buch und entschied sich sofort anzurufen und sich für das Glückscamp anzumelden. Leider wären alle Plätze ausgebucht, sagte man ihm, aber man würde ihn auf die Warteliste setzen, falls jemand absagte. Und nun kommt die Verbindung, ja! Sissy sagt ab, Thomas springt ein.

Heute ist Thomas mein Ehemann, mit dem ich den neunjährigen Marco gemeinsam bekommen habe. Thomas lernte ich tatsächlich in Spanien, im Glückscamp, kennen. Er war Deutscher, geschieden, Vater von drei Kindern. (Meine Mutter würde einen Herzinfarkt bekommen …) Im Camp war zwar Sympathie füreinander da, doch der Amor schlug erst in Wien ein, als er mich danach besuchte. Drei Monate später bin ich zu ihm nach Deutschland gezogen, drei Jahre später sind wir zusammen nach Bosnien gezogen und haben eine Firma gegründet. Thomas fühlte sich von Anfang an wohl in diesem Land, sein Herz ging irgendwie auf, als er zum ersten Mal da war. Schwer zu verstehen, nach dem Krieg sah man immer noch die Spuren der Verwüstung. Derventa, die Stadt in der ich geboren wurde, war die am zweitmeisten zerstörte Stadt im ganzen ehemaligen Jugoslawien. Und nun bekommen die Worte von Madame Claire ihre Bedeutung: »Er wird dich deiner Heimat näherbringen«. Noch näher geht ja nun wirklich nicht ☺.

Seit 2008 leben wir nun hier, mit einer Unterbrechung von zwei Jahren, da hatten wir es nochmal in Wien probiert. Das Leben hier in Bosnien ist gemischt. Mir fällt es am schwersten, mich daran zu gewöhnen. Ich hatte mich damals, als ich die österreichische Staatsbürgerschaft bekommen hatte, von der bosnischen verabschieden müssen. Für mich war es ein Abschied für immer, und ohne meinen Mann wäre ich auch nicht hierhergekommen. Weil ich die Sprache konnte, dachten wir auch, ich würde mich auskennen. Weit gefehlt! Ich ging als Kind hier weg und hatte nicht wirklich eine Ahnung, wie die Mentalität der Menschen ist, der Krieg hat auch eine Menge angerichtet, so lernen wir jetzt beide dazu. Die ersten Jahre hatte ich Heimweh nach Wien. Alles verblasste und war nicht so schön, wie es in meiner

Erinnerung in Wien war. Aus diesem Grund sind wir dann 2012 nach Wien gezogen. Aber Thomas musste spätestens jede zweite Woche nach Bosnien fahren, um die Firma zu betreuen. Ich hatte mein Büro zu Hause eingerichtet und arbeitete von da aus und kümmerte mich um unseren Marco. Er war in einem tollen Kindergarten, heute noch denkt er gerne daran. Aber das Leben in Wien war nicht so wie in meiner Erinnerung. Alles war anders. Teurer, stressiger … Vielleicht hat es damit zu tun, dass Wien für MICH damals die Freiheit bedeutete, mir zeigte, dass ich alles machen kann, dass ich der Gestalter meines Lebens bin.

Vom kleinen Dorf in Bosnien ins kleine Dorf in Tirol, immer unter Kontrolle und Beobachtung von anderen. Wien war für mich wichtig, um mich auf mich zu konzentrieren, um anzufangen den Sinn des Lebens zu verstehen. Und dafür bin ich dankbar. Ganz schmerzlos war der Abschied für mich jedoch trotzdem nicht, aber die Familie sollte zusammenleben, und bevor wir irgendwas machen, macht es mehr Sinn, die Firma, von der wir richtig gut leben, richtig zu betreuen. Und das macht der Thomas richtig toll, er hat ein Händchen dafür. Ich gebe auch mein Bestes, die erste Zeit stand ich sogar an den Maschinen, betreute die Mitarbeiter, jetzt mache ich andere Sachen, es sind ja mittlerweile 160 Mitarbeiter.

Ich habe gelernt, dass es nicht darauf ankommt, wo man lebt, sondern mit wem. Thomas würde auch lieber am

Meer leben. Marco, unser Sohn, würde gerne da leben, wo es viel Skate-Parks gibt ☺.

Aber ich habe auch einiges unternommen, um da zu sein, wo ich jetzt bin. Ganz viele Bücher gelesen, Seminare besucht, an Familienaufstellungen teilgenommen. Es zeigte sich, dass die Zeit, die ich als Kind ohne Eltern war, doch Spuren hinterlassen hat. Vielleicht suche ich deshalb immer noch nach meiner »Heimat«, nach einem Ort, an dem ich mich wohlfühle, vielleicht suche ich in jedem Land, das ich besuche, nach einem Stückchen von mir. Natürlich bin ich auch immer bereit, ein Abenteuer zu erleben. Ob das ein Ausflug in Spaniens Berge ist, bei dem man mit Händen und Füßen versucht sich zu verständigen, sich was zu essen zu bestellen, dabei wundervolle Natur erlebt, Menschen sieht, die man sonst in seinem Leben niemals kennengelernt hätte. Damals, in diesem kleinen Dörfchen in Spanien, habe ich zum ersten Mal einen gekühlten Rotwein getrunken, ein Erlebnis, das ich nie vergessen werde. Durchgeschwitzt und müde vom Wandern bei den heißen Temperaturen, war der kalte Wein reine Therapie. In Ägypten haben wir einen Freund gewonnen, ihn und seine Familie besuchen wir jedes Mal, wenn wir nach Hurghada fliegen. Ich liebe das Rote Meer, unvergesslich bleibt das erste Schnorcheln in dieser bunten Unterwasserwelt. Natürlich habe ich mich interessiert für die deutsche Schule Hurghada und das Leben dort ☺. Das Gleiche habe ich in Dubai auch gemacht, alle möglichen Erkundigungen eingeholt, von den Schulaufnahmeverfahren über

Immobilienpreise bis zu den Visumbestimmungen für EU-Bürger. Und in Italien habe ich es auch gemacht ☺. Italien ist ja auch wunderschön, das Meer, das Essen, der Prosecco, die temperamentvollen Italienerinnen und Italiener. Eros Ramazzotti und Laura Pausini. Immer wieder fahren wir gerne nach Italien.

Aber leben tu ich in Bosnien. Nicht mehr in dem kleinen Dörfchen, in dem ich als Kind lebte, sondern in Derventa, in dem mittlerweile schön gewordenen Städtchen. Und mit Stolz können wir sagen, dass unsere Firma dazu beigetragen hat, dass es hier vorwärtsgeht. Wir haben dazu beigetragen, Arbeitsplätze zu erschaffen, als es sehr wenige gab. Wir sind ein Teil der Stadt geworden, mittlerweile kann ich auch sagen, meiner Stadt. Hier ist nicht alles perfekt. Oder besser gesagt sind wir sehr weit davon entfernt, das Leben hier als perfekt zu bezeichnen. Aber gibt es den perfekten Ort zum Leben wirklich? Oder ist es immer ein Streben danach? Und wenn es für einen perfekt ist, heißt es noch lange nicht, dass es für den anderen auch perfekt erscheint.

Indem ich mich immer mehr akzeptiere und immer mehr dazu werde, was ich wirklich bin, desto besser fühle ich mich auch sogar hier, in diesem »geschundenen« Land. Ob ich für immer hierbleibe? Ich glaube nicht. Im Moment bin ich da, arbeite in der Firma, verbringe viel Zeit mit meinem Mann, was mir sehr wichtig ist. In ihm habe ich nicht nur den Ehemann, sondern auch meinen besten Freund. Er unterstützt mich dabei, herauszufinden, was mir im Leben wichtig ist, mich zu verwirklichen. Unser Sohn geht hier zur Schule, er hat Freunde, er hat die Freiheit, Fahrrad fahren zu gehen, mit seinen Freunden draußen zu spielen. Wir fahren auch oft weg. Sehr oft fahren wir ans Meer, das lieben wir alle. Oder eine neue Stadt erkunden. Seit letztem Jahr habe ich wieder Sport für mich entdeckt. Besser spät als nie. Sport ist etwas, was mir hilft, in Balance zu kommen. Zwei Mal in der Woche gehe ich in eine Frauengruppe, in der wir Step Aerobic machen. Das macht ganz viel Spaß. Im Training baue ich Stress ab, und ich fühle mich wieder stark. Und dann ist da noch das Laufen. Eher zufällig kam ich dazu, auf Vorschlag von meinem Stiefsohn, wir könnten doch an einem Halbmarathon teilnehmen. Was als Spaß anfing, weil ich dachte, keine Chance zu haben, 21,1 Kilometer ohne Vorbereitung zu laufen, zeigte sich wirklich als Spaß, als mein Spaß, als etwas, was mir im Leben gefehlt hat. Heuer bin ich bereits drei Halbmarathons gelaufen, und ich freue mich jedes Mal aufs Neue, wenn ich die Zeit finde, meine Lieblingsstrecke entlangzulaufen.

Im Grunde ist es wichtig, wen man an seiner Seite hat. Ich habe tolle Begleiter durchs Leben. Dafür bin ich sehr dankbar. Ganz besonders für meinen Mann und meinen Sohn. Am Ende des Tages zählt doch nur, ob man gerne nach Hause geht oder nicht. Ich tue es gerne, denn ich freue mich auf die Stunden mit meiner Familie.

Und ist es jetzt meine Heimat? Ich würde sagen, Heimat ist da, wo man sich wohlfühlt. Und dann kann ich mich wiederholen, dass es nicht darauf ankommt, wo man lebt, sondern mit wem …

Wenn ich meinen Kopf an die Schulter von Thomas anlehne, dann bin ich daheim. Da fühle ich mich wohl, da will ich sein. So fühlt sich für mich Heimat an. Und wenn mein Sohn zum Kuscheln kommt, dann ist meine Heimat perfekt. Dann spielt es keine Rolle, welche Breiten- und Längengrade gerade unsere Heimat definieren.

Veronika Drittenpreis
veronika.drittenpreis@drittenpreis.de